The Practice of Aircraft Structure & Aviation Safety

항공기 구조 및
항공안전실무

preface

COVID-19 팬데믹으로 인하여 국내외 항공 여행이 제한되면서 항공사 채용도 자연스럽게 멈추었던 시기가 있었습니다. 하지만 현재 대부분의 국가에서 위드코로나와 엔데믹 정책의 도입으로 항공업계는 다시 활기를 되찾았고 국내외 항공사들의 신입 객실승무원 채용 또한 활발히 진행되고 있습니다. 그동안 항공사 객실승무원이라는 꿈을 이루기 위해 대학에서 항공 관련 전문 지식을 배우고 항공 서비스 역량을 키워온 학생들에게도 폭넓은 기회가 다시 찾아온 것입니다.

객실승무원은 항공기에 대한 기본 지식을 바탕으로 기내에서 다양한 안전 보안 업무를 수행하게 됩니다. 객실승무원의 사소한 실수나 무관심도 큰 항공 사고로 이어질 수 있기에 국가에서는 객실승무원 자격 취득 및 유지에 관한 법적 기준을 마련하였고, 기내에서 승객이 해서는 안 되는 행동과 위반 시의 처벌 조항도 구체적으로 명시하고 있습니다. 항공사에서는 신입 객실승무원이 입사하게 되면 철저하게 안전 훈련을 실시하고, 수차례 진행되는 이론 및 실기 테스트를 통과한 사람만이 객실승무원 자격을 취득할 수 있도록 하고 있습니다.

본 책은 예비 객실승무원인 우리 항공 서비스 전공 학생들을 위하여 집필하였습니다. 객실승무원의 일터인 항공기의 구조와 다양한 기내 장비의 사용법을 비롯하여, 항공 안전 및 보안과 관련한 필수 안전 업무 절차들로 내용을 구성하였습니다.

항공 안전 분야가 처음 접하는 사람들에게는 다소 생소하고 어렵게 느껴질 수 있다는 것을 잘 알기에 최대한 학생들의 눈높이에 맞추어 이해하기 쉽게 설명하였고, 객실승무원 직무 수행을 위해 반드시 알아야 할 내용은 자세히, 알면 좋은 내용은 가볍게 풀어내었습니다. 본 책이 추후 기내에서 객실승무원의 업무를 수행할 우리 학생들에게 든든한 기본 지식으로 활용되기를 바랍니다.

마지막으로 책이 출판되기까지 가까이에서 많이 격려해 주시고 도움 주신 교수님들과 내용 검토를 도와준 객실승무원 지인들, 완성도 높은 출판을 위해 노력해 주신 출판사 관계자분들께 진심 어린 감사의 말씀을 드립니다.

2024년 저자 올림

contents

CHAPTER 1

항공기 기본 및 구조

❶ 항공기 기본 ·· 4

1. 항공기 정의 ··· 4
2. 항공기 제작사 ······································· 5
3. 국내 항공사 ··· 7
4. 기종/Version/등록번호 ····················· 8
5. 항공기 크기 및 성능 ·························· 11

❷ 항공기 구조

1. 동체 ·· 14
2. 날개 ·· 36
3. Landing Gear ······································· 43
4. Engine ·· 44

CHAPTER 2

항공기 시스템

❶ 동력 시스템 ·· 48

1. Engine ·· 48
2. APU ·· 49
3. GPU ·· 49

❷ 산소 공급 시스템 ···································· 50

1. 화학 반응식 개별 산소 공급 시스템 ········ 51
2. 탱크 산소 공급 시스템 ······················ 51

❸ 조명 시스템 ·· 52

1. 일반등 ·· 52
2. 비상등 ·· 53

❹ 커뮤니케이션 시스템 ·············· 55

1. Passenger Information Sign ··············· 55
2. Master Call Display ·················· 55
3. PA 및 Interphone System ··················· 56

CHAPTER 3

항공기 Exit

❶ 항공기 Exit ·························· 62

1. 항공기 Exit의 종류 ······················ 62
2. Door 구성 요소 ························· 65
3. Door 작동법 ························ 73
4. Door Mode 변경 절차 ····················· 75

CHAPTER 4

비상장비

❶ 응급처치 장비 ·························· 83

1. FAK ···················· 83
2. EMK ···················· 84
3. AED ···················· 86
4. UPK ···················· 87
5. PO$_2$ Bottle ················· 88

❷ 비상 탈출 및 착수장비 ··················· 90

1. Flash Light ················· 90
2. Megaphone ················· 91
3. ELT ···················· 91
4. 구명복 ···················· 93
5. Survival Kit ················· 96

❸ 화재장비 ··· 99

   1. Circuit Breaker ·· 99
   2. Smoke Detector ·· 100
   3. 열 감지형 소화기 ·· 101
   4. PBE ·· 101
   5. H_2O 소화기 ·· 103
   6. Halon 소화기 ·· 104
   7. 화재 진압 장갑 ·· 106
   8. 손도끼 ·· 107

CHAPTER 5

항공보안

❶ 항공보안 ·· 110

❷ 비행 단계별 항공보안 업무 ························· 111

   1. 승객 탑승 전 ··· 111
   2. 승객 탑승 후 ··· 119
   3. 승객 하기 후 ··· 126

CHAPTER 6

CRM

❶ 항공기 사고 ·· 130

   1. 항공기 사고의 이해 ··································· 130
   2. 인적 요인 및 SHELL 모델의 이해 ········· 132

❷ **CRM** ··· 134

CHAPTER 7

비상사태 대응 절차

❶ 비상착륙 ································ 138

  1. 비상착륙 일반 ·················· 138

  2. 충격으로부터의 생존 ············· 139

  3. 항공기로부터의 탈출 ············· 151

  4. 환경으로부터의 생존 ············· 159

❷ 기내 감압 ···························· 160

  1. 항공 생리 ···················· 160

  2. 감압 종류와 현상 ··············· 161

  3. 감압 발생 시 대응 절차 ··········· 163

❸ 기내 화재 ···························· 165

  1. 화재의 기본 개념 ··············· 165

  2. 화재 발생 시 대응 절차 ··········· 166

❹ 기내 응급처치 ······················· 170

  1. 응급처치 일반 ················· 170

  2. 환자 발생 시 행동 원칙 ··········· 171

  3. 생명 위협 비상사태 ············· 173

  4. 기내 부상 및 질병 ··············· 177

  5. 감염 예방 ···················· 183

CHAPTER 8

일상 안전 업무

❶ 비행 단계별 일상 안전 업무·····················186

　　1. 승객 탑승 전·····························186

　　2. 승객 탑승 중·····························188

　　3. 승객 탑승 완료 후·······················189

　　4. Pushback 전·························190

　　5. 항공기 지상 이동 중····················190

　　6. 이륙 전·································191

　　7. 비행 중·································191

　　8. 착륙 후·································195

Annexation

부록

❶ 국내법······································198

❷ 국제기구····································200

참고문헌 ······································203

항공기 구조 및 항공안전실무

Chapter
01

항공기 기본 및 구조

① 항공기 기본

1 항공기 정의

항공안전법에서 항공기(Aircraft)란 공기의 반작용으로 뜰 수 있는 모든 기기로서 비행기(Airplane), 헬리콥터(Helicopter), 비행선(Airship), 활공기(Glider)와 같이 국토교통부령으로 정하는 기기와 그 밖에 대통령령으로 정하는 기기들로 정의하고 있다.(항공안전법 제2조 제1호) 헬리콥터(Helicopter)는 회전하는 날개에 의하여 양력을 발생시켜 비행(飛行)하는 기기이고, 비행선(Airship)은 공기보다 가벼운 수소나 헬륨 등을 커다란 주머니 안에 넣어 부력을 이용해 비행하는 기기이다. 활공기(Glider)는 엔진과 같은 동력 장치 없이 고정된 날개를 이용해 바람을 타고 활공하는 기기이고, 비행기(Airplane)는 동력 장치를 갖추고 고정된 날개에 의해 양력을 발생시켜 비행하는 기기를 의미한다. 흔히 우리가 국내외 항공 여행을 위해 공항에서 탑승하는 기기가 비행기이며, 통상적으로 항공기는 비행기를 일컫는 용어로 사용된다.

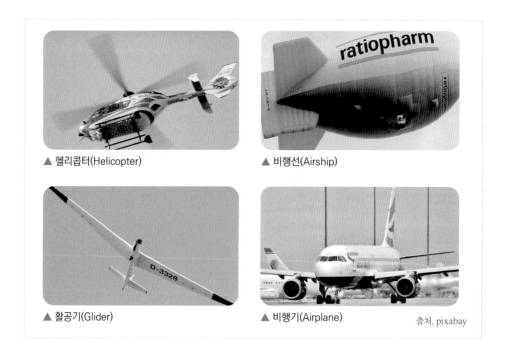

▲ 헬리콥터(Helicopter)

▲ 비행선(Airship)

▲ 활공기(Glider)

▲ 비행기(Airplane)

출처. pixabay

2 항공기 제작사

1) Boeing

정식 명칭은 The Boeing Company로 미국의 항공기 제작 회사이다. 규모나 판매량 등에서 세계 **상업용 항공기**★ 부문 1위를 차지하고 있으며, 방위 산업 분야(군용기/방위 시스템/미사일 등)와 항공 우주 산업 분야(우주선/인공위성 등)에서도 제품과 서비스를 제공한다.

Boeing 보유 항공기

▲ Next-Generation 737

▲ 737 MAX

▲ 747-8

▲ 767

▲ 777

▲ 777X

▲ 787

▲ Freighters

▲ Boing Support and Services

출처. Boeing Homepage

★ 상업용 항공기(Commercial Aircraft): 항공사에서 운영하는 여객기와 화물기 등과 같이 수익 창출을 목적으로 사용하는 항공기를 의미한다.

1916년 7월 15일, 창립자인 William Edward Boeing에 의해 미국 시애틀에서 창립되었고, 본사는 일리노이주 시카고에 있다. 현재 B737, B747, B767, B777, B787 등의 항공기를 미국의 에버렛, 렌턴, 찰스턴 등의 공장에서 제작하고 있다.

2) Airbus

Airbus는 유럽 연합의 항공기 제작 회사로, 상업용 항공기 제작을 비롯해 방위 산업 및 우주 산업 분야에서도 사업을 유지하고 있다. 창립일은 1969년 5월 29일로 창립 당시 Boeing과 같은 미국의 기업들이 독주하던 항공기 시장에 대항하기 위해 프랑스와 독일 등 유럽 국가들이 연합 형식으로 Airbus를 창립하였다. 최근 몇 년간 Boeing에 앞서 Airbus의 여객기들이 인도량 1위를 차지하며 앞선 기술력과 규모를 자랑하고 있다. 본사는 프랑스의 툴루즈에 있으며 프랑스, 독일, 영국, 스페인 등 유럽 각지에서 A220, A320, A330, A350, A380과 같은 항공기를 제작 중이다.

출처. Airbus Homepage

3 국내 항공사

항공사의 종류는 항공사의 판매 전략이나 서비스 방식 등의 차이에 따라 크게 FSC (Full Service Carrier)와 LCC(Low Cost Carrier)로 구분한다.

FSC(Full Service Carrier)는 일반석을 비롯하여 비즈니스석 및 일등석의 상위 클래스 서비스를 모두 제공하는 항공사로 '종합 서비스 항공사' 또는 '대형 항공사' 등으로 부른다. FSC는 기내식과 음료, 엔터테인먼트와 같은 다양한 기내 서비스가 항공료(항공 운임)에 포함되기 때문에 LCC보다 상대적으로 항공료가 비싼 편이며 우리나라에서는 대한항공과 아시아나항공이 FSC에 해당한다.

LCC(Low Cost Carrier)는 '저비용 항공사'로 항공기 기종을 통일하여 유지비를 절약하고, 기내 서비스 간소화 및 유료화 전략으로 고객에게 비교적 저렴한 항공권을 제공하는 항공사이다. 단거리와 중거리 노선을 위주로 운항하며 우리나라에서는 진에어, 제주항공, 티웨이항공, 에어부산, 에어서울, 에어로케이 등이 저비용 항공사에 속한다.

최근 에어프레미아가 FSC와 LCC의 장점만을 제공한다는 개념의 하이브리드 항공사 (Hybrid Service Carrier, HSC)를 출범하기도 하였다. FSC의 서비스 수준을 유지하면서 FSC보다 저렴하게 항공료를 제공하고, B787 단일 항공기로 운영한다는 전략이다.

 항공사 구분

구 분	국내 항공사
FSC(Full Service Carrier)	대한항공, 아시아나항공
LCC(Low Cost Carrier)	진에어, 제주항공, 티웨이항공, 에어부산, 에어서울, 에어로케이 등
HSC(Hybrid Service Carrier)	에어프레미아

국내 항공사들은 대부분 Boeing과 Airbus에서 제작한 항공기를 보유하고 있으며, 항공사별 항공기 보유 현황은 다음과 같다.

 국내 항공사 보유 항공기

항공사	보유 항공기	총 보유수
대한항공	A220, B737, A321, A330, B787, B777, B747, A380	167
아시아나항공	A320, A321, B767, A330, B777, A350, B747, A380	79
진에어	B737, B777	27
제주항공	B737	41
티웨이항공	B737, A330	30
에어부산	A320, A321	21
에어서울	A321	6
에어로케이	A320	5
에어프레미아	B787	5

출처. Airportal Homepage/2024년 1월 기준

4 기종/Version/등록번호

Boeing의 항공기를 크게 B747, B777, B787, B767, B737 등으로 구분하는 것처럼 항공기는 일차적으로 '기종(Type)'으로 구분된다. 동일 '기종(Type)'이라도 항공기의 크기나 엔진의 크기, 객실의 구조 등 하나라도 다른 부분이 있으면 이를 구분하기 위해 다시 'Version'으로 구분한다.

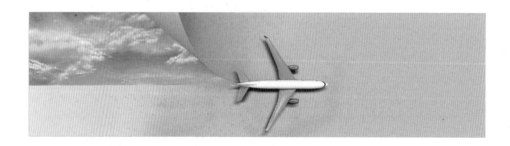

항공기 구분

항공기 구분	Boeing	Airbus
기종(Type)	• B747, B777, B787, B767, B737	• A380, A350, A330, A320, A220
Version	• B737-700, 800, 900 • B787-8, 9, 10 • B777-200, 300	• A330: 330-200, 300 • A350: A350-900, 1000
등록번호 (HL No.)	• HL7123, HL7124, HL7125 • HL8123, HL8124, HL8125	

 Version에 따른 차이

B737 항공기			
Version	B737-700	B737-800	B737-900
Seats	149	189	220
Length	33.6m	39.5m	42.1m
Wingspan	35.8m	35.8m	35.8m
Height	12.5m	12.5m	12.5m

B787 항공기			
Version	B787-8	B787-9	B787-10
Seats	248	296	336
Length	57m	63m	68m
Wingspan	60m	60m	60m
Height	17m	17m	17m

B777 항공기		
Version	B777-200	B777-300
Seats	317	296
Length	63.7m	73.9m
Wingspan	64.8m	64.8m
Height	18.6m	18.5m

출처. Boeing Homepage

또한, 자동차마다 고유의 차량 번호가 존재하듯 항공기도 항공기마다 고유의 항공기 '등록번호'가 존재하고, 이 등록번호는 일반적으로 4개의 숫자로 구성된다.

등록번호의 숫자 중 첫 번째 숫자는 항공기에 장착된 엔진의 종류, 두 번째 숫자는 엔진의 개수, 세 번째와 네 번째 숫자는 일련번호를 의미한다.

 항공기 등록번호

첫 번째 숫자의 의미	두 번째 숫자의 의미
• 1, 2: 피스톤 엔진 비행기 • 5: 터보프롭 엔진 비행기 • 6: 피스톤 엔진 헬리콥터 • 7, 8: 제트 엔진 비행기 • 9: 터빈 엔진 헬리콥터	• 1: 엔진 1개 • 0, 2, 5, 7, 8: 엔진 2개 • 3: 엔진 3개 • 4와 6: 엔진 4개

항공기 등록번호 앞에는 '국적기호'가 있으며, 대한민국 국적의 모든 항공기는 'HL'이라는 '국적기호'를 사용한다. 외국의 경우 미국은 N, 영국은 G, 일본은 JA, 중국은 B 등의 국적기호를 사용하고 있다. 이러한 국가별 국적기호는 UN 산하의 국제 연합인 국제전기통신연합(International Telecommunication Union, ITU)에서 국가별로 지정한 기호에서 비롯되었다.

항공사에서는 우리나라의 항공기 등록번호를 'HL Number'라고 부르기도 하며, 항공기 등록번호는 항공기 동체나 날개 표면 등에서 쉽게 찾아볼 수 있다.

에어프레미아 항공기 등록번호

HL8387   HL8517   HL8388   HL8516   HL8389

출처. Airpremia Homepage

5 항공기 크기 및 성능

1) 항공기 크기

항공기의 크기를 나타내기 위해 사용하는 용어로는 전장(Length), 전폭(Wingspan), 전고 (Height)가 있다. 전장(Length)은 항공기 Nose 끝부터 Tail Section 끝까지의 거리이고, 전폭 (Wingspan)은 주 날개의 끝과 끝 사이의 거리를 의미한다. 마지막으로 전고(Height)는 Land-ing Gear의 지면과 닿는 부분부터 수직 꼬리 날개의 위쪽 끝부분까지의 거리를 의미 한다.

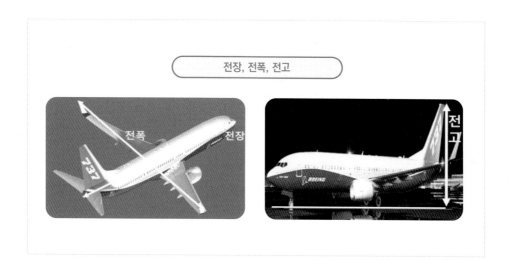

전장, 전폭, 전고

2) 항공기 성능

항공기의 성능을 나타내기 위해 사용하는 용어로는 경제 순항 속도(Normal Cruise Speed), 최대 항속 거리(Maximum Operation Distance), 최대 운항 고도(Maximum Operation Altitude), 순항 고도(Cruise Altitude) 등이 있다.

❶ 경제 순항 속도(Normal Cruise Speed)

항공기 비행 단계 중 순항 단계에서 최적의 연료 효율로 비행하는 일정 속도를 의미한 다. 순항 속도(Cruise Speed)라고도 한다.

📍 **항공기 비행 단계**

지상 이동(Taxi-Out) → 이륙(Take-off) → 상승(Climb) → 순항(Cruise)
→ 하강(Descent) → 착륙(Landing) → 지상 이동(Taxi-in)

❷ **최대 운항 거리**(Maximum Operation Distance)

이륙하여 목적지에 도착할 때까지 재급유하지 않고 최대로 비행할 수 있는 거리를 의미한다.

❸ **최대 운항 고도**(Maximum Operation Altitude)

항공기가 가장 높게 날 수 있는 해발 고도이다. 해발 고도는 평균 해수면을 기준으로 잰 지점의 높이를 의미한다. 해발 고도는 나라별로 측정하는 기준점이 다르며, 우리나라의 경우 인천 앞바다의 평균 해수면이 기준이 된다.

❹ **순항 고도**(Cruise Altitude)

순항 단계에서의 항공기 해발 고도를 의미한다. 일반적으로 국내선은 22,000~28,000ft, 국제선은 26,000~39,000ft의 해발 고도에서 순항한다. 항공기는 순항 고도

▲ B737 국내선 순항 중 Airshow

* Ground Speed: 459mph(738km/h) / Altitude: 24,000ft

보다 더 높이 올라가 최대 운항 고도까지 비행할 수 있지만 높은 고도에서의 산소 부족으로 인한 엔진 성능의 저하, 긴 상승으로 인한 많은 연료 소모, 항공기 사고 시 하강 시간 증가 등의 이유로 최대 운항 고도까지 오르지 않고 순항 고도에서 비행을 유지한다.

 항공기 크기 및 성능

A320-200					
전고	전장	전폭	경제 순항 속도	최대 운항 거리	최대 운항 고도
11.76m	37.57m	34.10m	841km/h	4,611km	12,131m (39,799ft)
A350-900					
전고	전장	전폭	경제 순항 속도	최대 운항 거리	최대 운항 고도
17.05 m	66.8m	64.75m	907km/h	12,156 km	13,136m (43,097ft)
A380-800					
전고	전장	전폭	경제 순항 속도	최대 운항 거리	최대 운항 고도
24.09m	72.73m	79.68m	907km/h	12,949km	13,136m (43,097ft)

출처. Asiana Homepage

B787-9				
전고	전장	전폭	순항 속도	최대 운항 거리
17.0m	62.8m	60.1m	912Km/hr	12,592Km
B747-8i				
전고	전장	전폭	순항 속도	최대 운항 거리
19.4m	76.3m	68.4m	912Km/hr	13,602Km

출처. koreanair Homepage

② 항공기 구조

항공기는 하늘을 날거나 지상에서 이동할 때 필요한 장치들을 비롯해 승객과 승무원이 탑승하는 공간, 기내에 전기과 공기를 공급해 주는 장치 등 다양한 설비와 구조물로 구성되어 있다. 일반적으로 각 구조의 용도와 위치에 따라 크게 동체(Fuselage), 날개(Wing), Landing Gear, Engine 등으로 구분된다.

1 동체

동체(Fuselage)는 항공기의 가운데 위치하여 중심을 이루는 부분으로 조종실(Cockpit), 객실(Cabin), 화물칸(Cargo)으로 나뉜다. 동체의 가장 앞부분을 Nose라고 하며 Nose 내부에는 레이더 시스템(Radar System)과 같은 첨단 장비가 장착되어 있다. 레이더 시스템은 항공기 주변의 기상 상태, 지상 윤곽 및 돌풍 등을 탐지한 후 조종석 계기판에 나타내주어 항공기의 안전한 비행을 돕는 역할을 한다.

▲ A330 Radome

▲ B777 Radome

* aircraft nose's official name: the radome(radar+dome=radome)

출처. KLM Homepage

▲ CVR   ▲ FDR

출처. KLM Homepage

    동체의 가장 뒷부분은 Tail Section(꼬리 부분, 후미)이라고 하며, Tail Section의 내부에는 블랙박스(Black Box)가 설치되어 있다. 블랙박스는 CVR과 FDR의 두 장치로 구성된다.

    CVR은 Cockpit Voice Recorder의 약자로 '조종실 음성 녹음 장치'이다. 이 장치를 통해 조종사들의 대화 소리는 물론이고 조종사와 지상의 교신 내용 등 조종실 내부에서 발생하는 모든 소리가 녹음된다.

    FDR은 Flight Data Recorder의 약자로 '비행 정보 기록 장치'를 말한다. 비행 중 항공기 고도, 속도, 방향 등 항공기 운항과 관련한 대부분의 비행 정보를 기록한다. 항공기 사고 발생 시 CVR과 FDR을 통해 사고의 원인을 조사할 수 있으며, 이를 위해 두 장치는 열과 충격으로부터 강한 특수 소재로 제작되어 있다. 또한, 사고 현장에서 쉽게 발견될 수 있도록 블랙박스라는 이름과 달리 실세로는 표면이 선명한 주황색이다.

1) 조종실

    조종실(Cockpit/Flight Deck)은 동체의 가장 앞쪽에 있으며 조종사가 항공기를 조종하기 위해 필요한 각종 패널과 계기판, 조종간, 페달, 좌석 등으로 구성되어 있다. 현대 여객기는 일반적으로 2명의 조종사가 항공기를 조종하고 왼쪽에 기장(Captain), 오른쪽에 부기장(First Officer)이 착석한다. 기장과 부기장 좌석 뒤쪽에는 Observer Seat이 있어 기장과 부기장 이외의 인원이 착석할 수 있다.

▲ A220 Cockpit

▲ A380 Cockpit

출처. Airbus Homepage

조종실과 객실 사이의 의사소통은 조종실 내에 장착된 Handset을 사용한다. Handset은 일반 전화기 모양으로 생겼으며, Interphone(유선 통화) 기능과 PA(Public Address, 기내 방송) 기능을 모두 사용할 수 있다. 또한, 비행 중 기류가 불안정하여 항공기 요동이 예상될 때는 운항승무원이 객실의 Fasten Seat Belt Sign을 켜서 신속하게 객실로 신호를 줄수 있다.

조종실 내에서 화재나 감압 등의 비상상황이 발생할 경우 운항승무원이 대처할 수 있도록 소화기, 손도끼, PBE, 산소마스크 등의 장비가 조종실 내에 보관되어 있다.

Cockpit 내부, 외부, Keypad

조종실 출입문은 외부의 강제적인 충격에도 견딜 수 있도록 방탄문으로 제작되어 있으며, 운항 중에는 항상 잠겨 있어야 한다. 평상시에는 조종실 출입문 외부에 장착된 키패드(Keypad)를 사용하여 열 수 있고, 비상상황에 대비해 조종석에서만 잠그거나 열 수 있는 장치가 설치되어 있다.

◆ 운항기술기준 7.4.9.1

운항 증명 소지자는 최대 승객 좌석 수가 19석을 초과하는 승객 운송용 항공기에 대하여 조종사 허가 없이 승객이 문을 열 수 없도록 잠금 장치가 되어 있는 객실과 조종실 사이의 문을 갖추지 아니하고는 항공기를 운항하여서는 아니된다.

◆ 운항기술기준 9.1.20.1

라. 운항 증명 소지자는 조종실의 안전을 위하여 다음과 같은 조치를 취해야 한다.

3) 조종실 출입이 공식적으로 허용된 자의 출입 시를 제외하고 승객 탑승 전부터 승객이 모두 하기한 후까지 조종실 출입문 시건 조치

4) 승객 좌석이 60석을 초과하거나 최대 이륙 중량 45,500킬로그램을 초과하는 모든 승객 운송용 비행기에는 최소한 다음과 같은 사양을 갖춘 조종실 출입문을 장착하여야 한다.

가) 소형 총기류, 수류탄 파편 등 외부의 강제적인 힘에 의한 충격에 견딜 수 있는 방탄성

나) 조종석에서만 잠그거나 열 수 있는 장치

다) 조종실 내에서 외부의 출입 요구자를 확인할 수 있는 장치

2) 객실

객실(Cabin)은 승객과 객실승무원이 탑승하는 공간으로 조종실(Cockpit) 뒤쪽 및 화물칸 (Cargo) 위쪽에 위치하며, 다음과 같이 다양한 기준으로 구분할 수 있다.

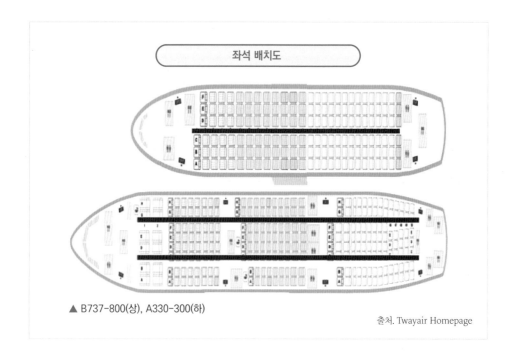

▲ B737-800(상), A330-300(하)

출처. Twayair Homepage

❶ 통로 개수에 따른 구분

여객기의 객실은 보통 하나의 통로(Single Aisle) 또는 두 개의 통로(Double Aisle)로 구성된 다. 객실 내 통로가 하나인 항공기를 Narrow Body Aircraft 또는 소형기라 하고, 통로가 두 개인 항공기는 Wide Body Aircraft 또는 중대형기라고 한다.

· 소형기: A220, B737, A320, A321
· 중대형기: B767, B787, B777, A330, A350, B747, A380

❷ Deck으로 구분

B747 및 A380 항공기와 같은 일부 대형기에는 객실이 1층과 2층으로 구분되어 있다. 객실의 1층은 Main Deck(M/D)이라 하고 2층은 Upper Deck(U/D)이라고 한다.

▲ B747(상), A380(하)

출처. Boeing, Airbus Homepage

❸ Zone으로 구분

객실은 Door를 기준으로 Zone으로 구분할 수도 있다. Door와 Door 사이를 Zone이라고 하며, 최전방부터 A Zone, B Zone, C Zone, D Zone, E Zone 순으로 부른다.

❹ Class로 구분

객실은 Zone과는 별개로 항공사가 정한 일정 기준에 따라 일등석(First Class, FR/CL), 비즈니스석(Business/Prestige class, PR/CL), 일반석(Economy Class, EY/CL)과 같이 클래스로 구분할 수 있다. 각 클래스는 항공료(항공운임), 기내 서비스 절차와 용품, 승객 좌석의 사양 등에서 다양한 차이를 보인다.

❺ 항공기의 방향

항공기는 조종실이 있는 방향을 전방(Forward)이라 하고, Tail Section이 있는 방향을 후방(After)이라고 한다. 항공기 내부에서 전방을 바라보고 좌측을 L Side 또는 Captain's Side라고 하며, 우측을 R Side 또는 First Officer's Side라고 한다.

(1) Galley

Galley는 고객에게 서비스할 기내식과 음료 등을 보관하고 서비스를 준비하는 장소이다. 기종별로 Galley의 내부 구성은 조금씩 다르나 일반적으로 다음의 설비들로 구성되어 있다.

❶ Carrier Box

Carrier Box는 기내 서비스 용품을 탑재 및 보관하기 위해 사용하는 이동이 가능한 용기로 Carry-On Box라고도 한다. Carrier Box 내부에는 Drawer를 사용하여 서비스 용품을 효과적으로 보관할 수 있다. Carrier Box의 Door는 미사용 시 항상 닫아두어야 승객과 객실승무원의 부상 및 내용물의 낙하를 방지할 수 있다.

B787 Galley

❷ Compartment

Compartment는 다양한 종류의 서비스 용품을 보관하기 위해 Galley에 설치된 보관 공간으로 Door가 부착되어 있다. Carrier Box와 마찬가지로 Compartment의 Door를 닫은 후에는 반드시 Latch*를 사용하여 Door를 고정하여야 한다.

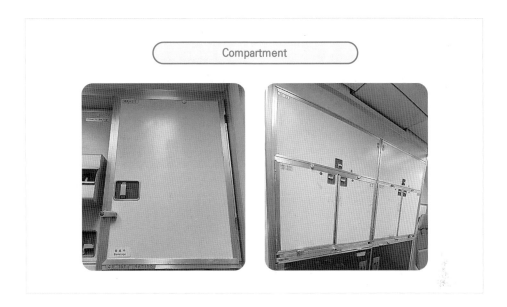

Compartment

❸ Cart

Cart는 기내 식음료 및 면세품 등을 보관하고, 통로에서 승객에게 서비스하기 위해 사용하는 기내 서비스용 수레를 의미한다. 종류는 사용 목적에 따라 Beverage Cart, Meal Cart, Sales Cart, Serving Cart 등이 있다.

통로에서 Cart를 이동하지 않을 때에는 하단의 빨간색 페달을 밟아 Cart를 고정하고, 이동을 위해서는 초록색 페달을 밟아 고정을 해제한다. Galley에 보관할 때에도 항상 빨간색 페달을 밟고 Latch를 사용해 이중으로 고정하여야 한다. 또한, 비행 중 비상구 주변에 Cart를 놓아야 할 경우에는 Cart가 비상구를 막지 않도록 비상구와 수직으로 위치시킨 후 고정한다.

★ Latch: Carrier Box, Compartment, Cart 등을 고정하는 고정 장치의 통칭

Cart 및 Cart 보관 공간

❹ Oven

　Oven은 기내식을 뜨겁게 데우는 장비이다. Oven의 내부는 받침대(Rack)를 끼워 넣을 수 있도록 제작되어 있어 받침대(Rack) 위에 기내식을 올린 후 차곡차곡 집어넣으면 된다.

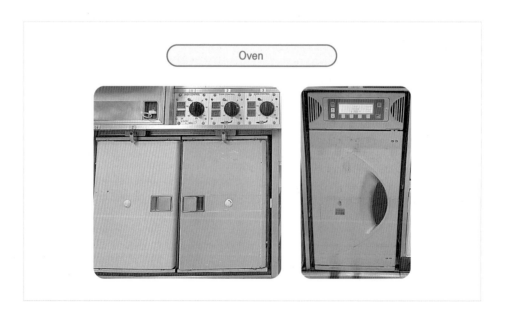

Oven

Oven 사용법은 Oven의 사양에 따라 다르나 일반적으로 전원을 켜고 원하는 온도나 메뉴를 선택한 후 시간을 설정한다. 일부 기종의 상위 클래스(FR/PR Class)에는 Microwave Oven(전사레인지)이 추가로 설치되어 있다.

❺ 냉장고 및 Chiller

Galley에는 기내 음료를 시원하게 보관할 수 있는 냉장고와 Cart를 통째로 시원하게 보관할 수 있는 Chiller가 설치되어 있다. 냉장고와 Chiller 주변의 On/Off 스위치를 이용해 작동시킨다.

냉장고 및 Chiller

❻ Coffee Maker

Coffee Maker는 커피팩(Coffee Pack)에 뜨거운 물을 내려 원두커피를 만드는 기계이다.

> 📍 **Coffee Maker 구성**
>
> - 온/오프 버튼(On/Off Button): 전원을 켜거나 끈다.
> - 브루 버튼(Brew Button): 뜨거운 물을 내린다.
> - 웜 버튼(Warm Button): 커피를 따뜻하게 보관하기 위해 핫 플레이트(Hot Plate)를 작동시킨다.
> - 핫 플레이트(Hot Plate): 커피 팟(Coffee Pot)의 바닥과 닿는 부분에 설치되어 있는 판으로 커피를 뜨거운 상태로 유지해준다.
> - 커피 팟(Coffee Pot): 커피를 담는 용기이다.

Coffee Maker, Coffee Pot

❼ 수도꼭지(Water Faucet)

Galley에는 뜨거운 물 또는 차가운 물을 공급하는 수도꼭지가 설치되어 있다.

뜨거운 물이 나오는 수도꼭지는 Water Boiler를 통해 뜨거운 물이 공급되며, 지상에서 반드시 Air Bleeding을 실시해야 한다.

수도꼭지(Water Faucet)

Air Bleeding이란, 지상에서 수도꼭지에 물이 나오게 하여 내부의 물이 흐르는 호스 속 공기를 빼주는 작업이다. 지상에서 Air Bleeding을 실시하지 않고 이륙 후 뜨거운 물을 사용하면 이륙 중 호스 내부에서 팽창된 공기가 물과 함께 폭발적으로 분출되어 객실 승무원이 화상을 입을 수 있으므로 반드시 실시해야 한다.

❽ Drain

Drain은 비행 중 순수한 물을 버리는 장소이다. Drain으로 버려진 음료는 별도로 보관되지 않고 바로 항공기 외부로 배출된다. 따라서 Drain에 알갱이가 있는 주스 종류를 버리면 Drain이 막히게 되므로 반드시 순수한 물만 버려야 한다. 또한, 순수한 물이라도 항공기 지상 주기 시 배출되면 지상에서 조업 중인 직원이나 정비사가 부상을 입을 수 있으므로 항공기 지상 주기 시에는 Drain에 아무것도 버리지 않아야 한다.

⌖ 기내 오물 배출

Galley의 Drain과 화장실의 세면대에서 버려진 물은 동체 하단 외부에 설치된 마스트(Mast)라는 장치를 통해 항공기 외부로 버려진다. 반면 화장실 변기로 버려진 오물은 동체 하단 내부의 Waste Tank에 저장된 후 목적지에서 지상 조업원에 의해 비워진다.

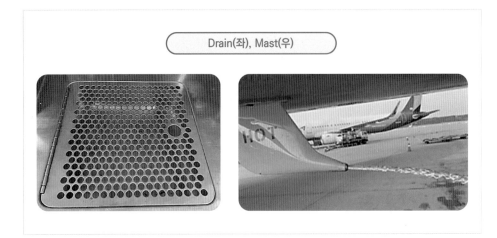

Drain(좌), Mast(우)

❾ 쓰레기통

모든 Galley와 화장실에는 쓰레기통이 있으며, 쓰레기통 뚜껑에는 스프링 장치가 있어 자동으로 닫히도록 설계되어 있다. 쓰레기통 뚜껑은 쓰레기통 내부에서 화재가 발생할 경우 효과적인 산소 차단을 위해 항상 닫혀 있어야 하고, 객실승무원은 화재 예방을 위해 쓰레기통 뚜껑의 닫힘 상태를 확인해야 한다.

쓰레기통, Trash Compactor

일부 항공기에는 쓰레기를 압축시켜 쓰레기의 부피를 줄여주는 Trash Compactor가 설치되어 있다. Trash Compactor 내부에는 쓰레기를 담는 용도로 종이 박스가 사용되므로 물이나 주스 등의 액체류는 버리지 않아야 한다.

(2) Lavatory(화장실)

기종별 Lavatory의 위치와 개수, 내부 구성은 조금씩 다르나 일반적으로 다음과 같은 장치들이 필수적으로 설치되어 있다.

Lavatory 구성

- 변기, Flushing Button, 세면대, 휴지, 편의용품 진열대, 거울
- 쓰레기통: 쓰레기통 뚜껑은 화재 발생에 대비해 항상 닫혀 있어야 한다.
- Call Button(승무원 호출 버튼)
- Return To Seat Sign: 객실의 Fasten Seat Belt Sign이 켜질 경우 동시에 켜진다.
- Lavatory 조명: Lavatory 내부에는 별도의 조명 On/Off 스위치가 없다. 항공기에 전원이 공급되면 Lavatory 내부 조명은 자동으로 Dim 단계로 유지되며 Door를 잠그면 Bright 단계로 밝아진다.
- Lavatory Door: Lavatory Door는 외부에서 잠그거나(Lock) 잠금을 해제(Unlock)할 수 있다. Door 외부의 'OCCUPIED/VACANT' 표시판 위쪽의 금속 덮개를 들어 올린 후 나사 모양의 장치를 잡고 이동시키면 Door를 Lock 또는 Unlock할 수 있다.

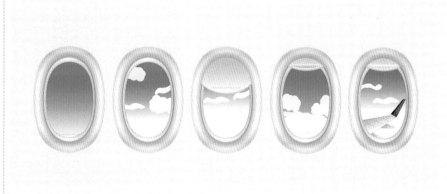

Lavatory 내부

화장실 쓰레기통 외부, 내부

Lavatory 외부

(3) Jumpseat

Jumpseat은 개실승무원의 좌석을 의미하며, 비상상황 발생 시 신속한 탈출 업무를 수행하기 위해 비상구 주변에 위치한다. 사용하지 않을 때는 자동으로 접히며 사용을 위해서는 앉는 부위를 아래로 내려서 착석한다. 좌석벨트만 장착되어 있는 승객의 좌석과 달리 Jumpseat에는 좌석벨트와 Shoulder Harness가 이중으로 설치되어 있다. Jumpseat은 한 사람이 앉을 수 있는 Single Jumpseat과 두 사람이 앉을 수 있는 Double Jumpseat이 있으며, 착석 시 조종실을 바라보는 전향 Jumpseat과 조종실을 등지고 앉는 후향 Jumpseat이 있다. 또한, 다양한 종류의 비상장비가 Jumpseat 주변에 보관되어 있다.

Jumpseat(B787, B737)

(4) Passenger Seat

승객 좌석에는 기본적으로 Seatbelt, Armrest, Tray Table, Seat Pocket, 구명복(Life Vest), PSU, PCU 등이 설치되어 있다. 또한, 최근 대부분의 기종에는 좌석 등받이(Seat Back)에 Video System이 설치되어 있어 비행 중 승객들에게 즐길거리(In-flight Entertainment)를 제공한다.

📍 PSU 및 PCU

- PSU(Passenger Service Unit): Reading Light, Call Light(승무원 호출등), No Smoking Sign, Fasten Seat Belt Sign, Air Vent 등과 같이 승객에게 제공되는 서비스 장치들을 의미한다.
- PCU(Passenger Control Unit): Reading Light Button, Call Button(승무원 호출 버튼) 등과 같이 PSU를 작동시킬 수 있는 장치들을 의미한다.

Passenger Seat

PSU 및 PCU

(5) Bulkhead Seat

객실 내 일부 장소에는 Bulkhead라고 불리는 칸막이가 설치되어 있으며, 이 Bulk-head를 마주 보고 앉는 좌석을 Bulkhead Seat이라고 한다. Bulkhead Seat은 다른 좌석에 비해 좌석 앞 공간이 넓고, Bulkhead에 Baby Bassinet(아기 요람)을 설치할 수 있다.

Bulkhead, Baby Bassinet

(6) 비상구 좌석

비상구 좌석(Emergency Exit Seat)이란 비상구로 직접 접근할 수 있는 승객 좌석으로, 통로를 거치거나 장애물을 우회하지 않고 똑바로 탈출구로 접근할 수 있는 좌석을 의미한다.(운항기술기준 8.1.2.13) 비상구 좌석에 착석하는 승객은 비상 탈출 시 객실승무원을 도와주어야 하고, 도와줄 수 없거나 도와줄 의사가 없는 승객은 비상구 좌석에 착석할 수 없다.(운항기술기준 8.4.7.9) 따라서 객실승무원은 Pushback 이전까지 동 내용을 승객에게 안내하고 동의를 구해야 한다.

출처. Koreanair Homepage

(7) Cabin Attendant Panel

Cabin Attendant Panel의 세부적인 기능은 기종마다 다르지만 기본적으로 객실의 조명 및 온도 조절, Door의 상태, 오물 및 Potable Water의 양 등을 확인할 수 있다. 승무원 호출 버튼을 누른 좌석 및 화장실, 연기가 감지된 화장실 및 Bunker 등의 위치도 확인할 수 있다.

Cabin Attendant Panel은 L1 Door를 비롯한 일부 Door의 Jumpseat 상단에 위치하며, 최신 기종에는 대부분 화면을 터치하여 사용하는 모니터 타입이 설치되어 있다.

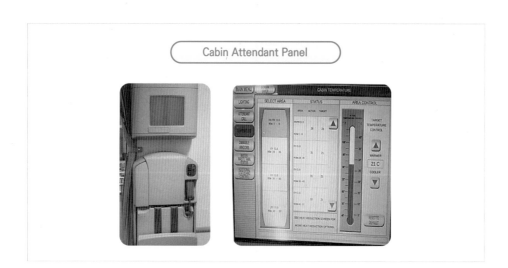

(8) 수하물 보관 장소

객실 내 승객의 수하물을 보관하기에 적합한 인가된 보관 장소로는 ① Overhead Bin ② Enclosed Coatroom ③ 전방과 통로 측에 고정 장치(Restraint Bar)가 설치된 좌석 하단이 있다. 객실승무원은 승객 탑승 시와 비행 중 승객에게 정확한 수하물 보관 장소를 안내해야 한다.

Overhead Bin, Enclosed Coatroom, Restraint Bar가 설치된 좌석 하단

(9) Crew Rest Area(Bunker)

Crew Rest Area는 Bunk 또는 Bunker라고도 하며, 소형기를 제외한 대부분의 중대형기에 객실승무원의 휴식을 위해 설치된 공간이다. 기종에 따라 Main Deck의 위쪽이나 아래쪽에 있고, 내부에는 1층 또는 2층 침대가 설치되어 있다. 또한, 비상시 사용할 수 있도록 소화기, Smoke Detector, 산소마스크, Handset 등의 장비가 내부에 구비되어 있다.

Crew Rest Area(Bunker)

출처. pixabay

3) 화물칸

항공 화물이나 위탁 **수하물**★은 화물칸(Cargo)에 탑재하여 운송한다.

여객기(Airliner, Passenger Airplane)의 경우 화물칸(Cargo)은 객실(Cabin)의 아래에 있으며, 객실 Door와는 별도로 화물칸에 설치된 Cargo Door를 통해 화물을 탑재한다.

승객 없이 화물만을 운송하는 항공기인 화물기(Freighter, Cargo Airplane)는 내부 전체를 화물칸으로 사용한다. 중대형기의 화물칸에는 보통 ULD(Unit Load Device)라는 단위 탑재 용기를 사용하여 화물 및 위탁 수하물을 탑재하고, ULD는 Container와 Pallet의 두 종류가 있다. Container에는 소형 화물이나 승객의 위탁 수하물을 탑재하며, Pallet에는 대형 화물이나 형태가 불규칙한 화물을 탑재한다. B737과 같은 소형기는 화물칸의 공간이 협소하므로 ULD를 사용하지 않고 Belt Loader를 사용하여 낱개 상태로 위탁 수하물 및 화물을 탑재한다.

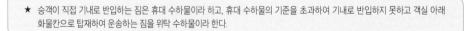

★ 승객이 직접 기내로 반입하는 짐은 휴대 수하물이라 하고, 휴대 수하물의 기준을 초과하여 기내로 반입하지 못하고 객실 아래 화물칸으로 탑재하여 운송하는 짐을 위탁 수하물이라 한다.

Container(좌), Pallet(우)

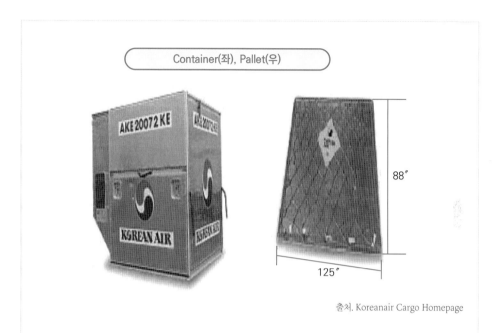

출처. Koreanair Cargo Homepage

ULD Loader(좌), Belt Loader(우)

출처. Koreanair Newsroom

2 날개

항공기의 날개(Wing)는 주 날개(Main Wing)와 꼬리 날개(Tail Wing)로 구성된다. 주 날개는 항공기의 동체 가운데에 연결되어 있고 꼬리 날개는 Tail Section에 연결되어 있다. 각 날개에는 항공기의 양력을 증가시키거나 감속 및 방향 전환을 위해 필요한 조종면(Flight Control Surface)이 설치되어 있다.

출처. Boeing Hompage

1) 주 날개

주 날개(Main Wing)는 대표적으로 날개에 흐르는 공기의 흐름을 조정하여 항공기를 공중으로 뜨게 하는 힘인 양력을 발생시키는 역할을 하며 Flap, Spoiler, Aileron, Winglet과 같은 장치들이 설치되어 있다.

❶ Flap

Flap은 항공기 이착륙 시 낮은 속도에서 양력을 증가시켜 주는 장치(고양력 장치)이다.

뒷전플랩(좌), 앞전플랩(우)

출처. Boeing Homepage

주 날개의 앞쪽(앞전플랩, Leading Edge Flap)과 뒤쪽(뒷전플랩, Trailing Edge Flap)*에 장착되어 있으며, 주 날개의 모양을 바꿔(Flap을 펼치거나 아래로 내림) 날개의 면적을 넓히거나 받음각(Angle of Attack)을 커지게 하여 양력을 증가시킨다.

❷ Spoiler

Spoiler는 Flap 바로 위쪽에 있으며, 항공기가 착륙하여 속도를 줄이기 위해 활주로를 달릴 때 위로 세워지는 장치이다. Spoiler가 위로 세워지면 날개 위로 흐르는 공기의 흐름이 원활하지 못해 양력은 감소하고 항력은 증가한다. 즉, Spoiler는 항공기 착륙 후 감속을 위해 사용하는 항공기의 대표적인 '고항력 장치'이다.

비행 중(좌), 착륙 후(우)

★ 앞전플랩 종류 : 드룹노즈, 슬롯, 슬랫, 크루거플랩 등
　뒷전플랩 종류 : 플레인 플랩, 스플릿 플랩, 파울러 플랩, 슬롯티드 플랩 등

❸ Aileron

Aileron(보조익)은 주 날개 뒤쪽 바깥 부분에 있다. 항공기의 3축 운동 중 Rolling을 담당하며, 선회 비행을 위해 사용한다. 선회 비행은 항공기가 단순히 기수를 좌우로 움직여 방향을 바꾸는 것이 아니라 동체 전체를 기울여 곡선을 그리듯 진로를 바꾸는 비행을 의미한다.

Aileron(보조익)

❹ Winglet

Winglet은 주 날개 양쪽 끝에 설치된 작은 날개로, 일부 항공기(예_B777)를 제외한 대부분의 항공기에 설치되어 있다. 주 날개의 양력 발생 과정에서 주 날개 끝에 소용돌이 바람이 생기게 되는데(와류 현상) 이 소용돌이 바람은 양력을 감소시키고 항력을 증가시킨다. 이러한 현상을 방지하기 위해 주 날개 끝에 Winglet을 설치하여 날개의 성능을 향상시

Winglet

키고 연료 효율을 높일 수 있다.

　B787 항공기의 경우 Winglet과 동일한 역할을 하지만, 날개 끝이 곡선으로 휘어진 형태의 Raked Wingtip이 설치되어 있다.

2) 꼬리 날개

　꼬리 날개(Tail Wing)는 수평 꼬리 날개와 수직 꼬리 날개로 구성되며, 각 꼬리 날개에는 승강타(Elevator)와 방향타(Rudder)가 설치되어 있다.

- 수평 꼬리 날개 = 수평 안정판(Horizontal stabilizer) + 승강타(Elevator)
- 수직 꼬리 날개 = 수직 안정판(Vertical stabilizer) + 방향타(Rudder)

❶ 승강타

　승강타(Elevator)는 수평 꼬리 날개에 장착되어 있으며, 항공기의 3축 운동 중 기수가 위아래로 움직이는 운동인 Pitching을 담당한다.

❷ 방향타

　방향타(Rudder)는 수직 꼬리 날개에 장착되어 있으며, 항공기의 3축 운동 중 기수가 좌우로 움직이는 운동인 Yawing을 담당한다.

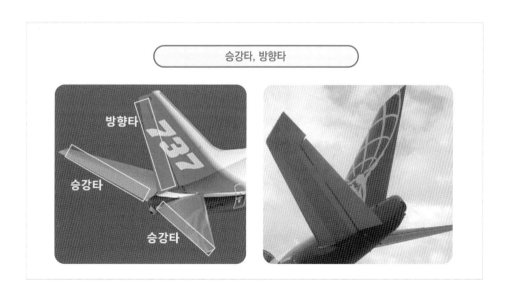

승강타, 방향타

3) 항공기 비행 원리

공기보다 무거운 물체인 항공기가 이륙하여 하늘을 나는 원리와 항공기가 하늘에서 상하좌우로 자유롭게 방향을 바꾸는 비행 원리를 이해하기 위해서는 '항공기에 작용하는 4가지 힘'과 '항공기의 3축 운동'에 대한 이해가 필요하다.

(1) 항공기에 작용하는 4가지 힘

항공기에는 추력(Thrust), 항력(Drag), 중력(Weight), 양력(Lift)의 4가지 힘이 작용한다. 이 힘으로 인해 항공기가 공중으로 뜨거나 아래로 내려올 수 있고, 앞으로 나아가거나 속도를 줄여 멈출 수 있다.

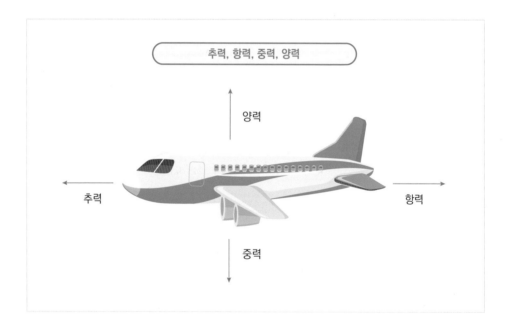

❶ 추력

추력(Thrust)은 항공기를 앞으로 나아가게 하는 힘으로, 엔진에 의해 발생한다.

❷ 항력

항력(Drag)은 추력의 반대 방향으로 작용하는 힘으로, 항공기를 뒤로 당기는 힘이다. 항공기와 부딪치는 공기 마찰에 의해 주로 발생하므로 항공기의 날개나 동체 등의 모양은 항력을 최소화할 수 있는 디자인으로 설계된다. 항력이 추력보다 크면 항공기는 앞으로 나아갈 수 없다.

❸ 중력

중력(Weight)은 항공기를 지구 중심으로 잡아당기는 힘으로, 항공기의 무게로 인해 발생한다. 중력이 양력보다 크면 항공기는 공중으로 떠오르지 못한다.

❹ 양력

양력(Lift)은 항공기를 위로 뜨게 하는 힘으로, 항공기 날개에 의해서 발생한다. 항공기 날개를 수직으로 자른 단면 모양인 **에어포일**(Airfoil)*로 인해 날개의 윗면과 아랫면에 흐르는 공기의 속도와 압력의 차이가 발생하고, 이 차이에 의해서 양력이 발생한다. 양력은 항공기 속도가 빠를수록 그리고 날개 면적이 넓을수록 증가하는 특성이 있다.

> **📍 대표적인 양력 발생 이론**
>
> - 베르누이 정리: 유체의 속도가 빨라지면 압력이 낮아지고, 유체의 속도가 느려지면 압력이 높아진다.
> - 뉴턴의 작용 반작용 법칙: 날개의 기울기인 받음각에 공기가 작용하여 그 반작용의 힘으로 양력이 발생한다.

(2) 항공기의 3축 운동

항공기의 방향 전환 및 균형 유지를 위해 항공기는 3축을 중심으로 하여 Pitching, Yawing, Rolling의 운동을 한다. 각 운동은 조종실 내 운항승무원이 항공기 날개에 설치된 승강타(Elevator), 방향타(Rudder), 보조익(Aileron) 등을 움직여 조종한다.

★ 에어포일(Airfoil) : 공기의 흐름으로부터 양력을 발생시키기 위해 설계된 날개의 단면 모양을 에어포일(Airfoil)이라고 하며, 윗면은 곡선이고 아랫면은 비교적 평평한 모양이다. 비행기 날개뿐 아니라 헬리콥터나 드론의 날개에도 사용된다.

❶ Pitching

Pitching은 기수를 위아래로 움직여 항공기를 상승 및 하강하도록 하는 운동을 의미한다. Pitching을 위해 수평 꼬리 날개에 장착된 승강타(Elevator)를 사용한다.

❷ Yawing

Yawing은 기수를 좌우로 움직여 항공기가 좌측 또는 우측으로 방향을 바꾸는 운동을 의미한다. Yawing을 위해 수직 꼬리 날개의 방향타(Rudder)를 사용한다.

❸ Rolling

Rolling은 동체를 좌우로 기울이며 항공기가 선회하는 운동을 의미한다. Rolling을 위해 주 날개의 Aileron(보조익)을 사용한다.

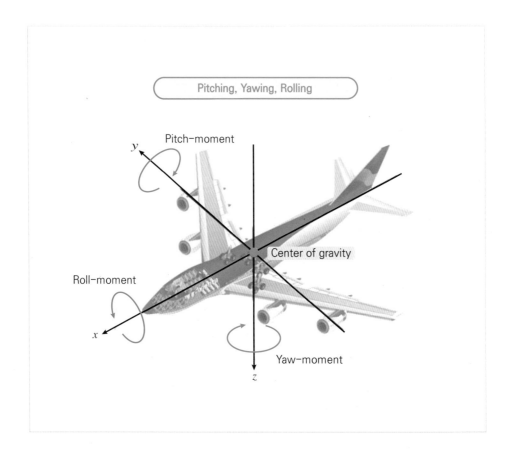

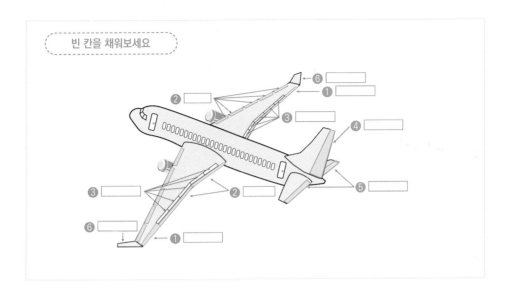

3 Landing Gear

Landing Gear는 Nose Gear와 Main Landing Gear가 있다. Nose Gear는 동체의 전방 하단에 있으며, Main Landing Gear는 동체의 중간 및 주 날개의 하단에 위치한다.

Landing Gear

출처. Koreanair newsroom

Landing Gear는 항공기 지상 이동 및 균형 유지, 착륙 시 충격 흡수 및 제동 작용 등을 위해 사용한다. Landing Gear는 비행 중에는 사용하지 않으므로 이륙 직후 내부로 집어넣고, 착륙 직전 다시 바깥으로 꺼내어 지상에서 사용한다.

4 Engine

Engine은 항공기가 앞으로 나아갈 수 있도록 추력을 발생시키는 장치이다.

현대 여객기의 엔진은 주로 2개(쌍발기) 또는 4개(사발기)가 사용되며, 주 날개 하단에 장착되어 있다. 각 Engine은 항공기 내부에서 조종실(전방)을 바라보고 왼쪽부터 오른쪽 순으로 번호를 부여한다.

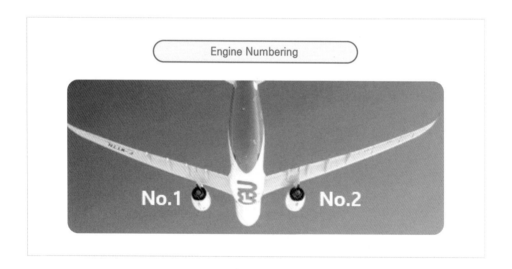

1) 왕복 엔진

1903년 12월 17일, 세계 최초로 동력 장치를 사용해 비행에 성공한 라이트 형제의 비행기 플라이어 1호는 왕복 엔진을 사용하였다. 왕복 엔진의 피스톤 왕복 운동을 통해 프로펠러를 구동시켜 항공기 후방으로 공기를 분출해 그 반작용으로 추력을 얻는 방식이다. 현재까지도 자동차나 오토바이 등의 엔진으로 널리 사용되고 있으나 고성능 전투기나 많은 승객을 탑승시키는 여객기의 엔진으로 사용될 경우, 높은 고도에서의 출력 저하와 진동 및 소음이 심하다는 단점으로 인해 현대 여객기에서는 대부분 제트 엔진을 사용하고 있다.

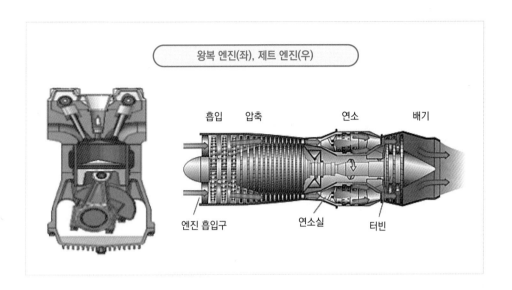

왕복 엔진(좌), 제트 엔진(우)

흡입　압축　　　　　연소　　　배기

엔진 흡입구　　　　연소실　　터빈

2) 제트 엔진

　항공기의 동력 기관으로 왕복 엔진과 프로펠러 항공기의 한계점이 보이자 개발자들은 더 높고 빠르게 날 수 있는 엔진인 제트 엔진의 개발에 주력했다. 다양한 국가와 항공기 제작사들의 치열한 경쟁 끝에 1958년 미국의 항공기 제작 회사인 Boeing이 미국 최초의 제트 여객기인 B707을 개발하였고 속도와 안정성 등에서 우수한 평가를 받으며 제트 여객기의 시대를 열었다.

📍 B707 특징

- 엔진: 4발 제트 엔진
- 탑승 인원: 승무원 3~4명, 승객 147~202명
- 최대 속도: 약 1,000km/h
- 순항 속도: 919km/h
- 판매량: 30년간 총 1,010대

Chapter
02

항공기 시스템

1 동력 시스템

1 Engine

Engine은 항공기의 '주동력(Main Power) 장치'로 항공기가 앞으로 나아가는 힘인 **추력★**
을 발생시키고, 전기와 공기를 기내로 공급해 주는 역할을 한다.

기내에는 조명, Video System, Galley 내 각종 전자기기, 조종실 내 조종 장치 및 통신
장비 등 많은 곳에서 전기를 필요로 하며, 대부분의 전기는 각 엔진에 부착된 '엔진 구동
발전기(Engine Driven Generator)'에 의해서 발생된다.

B737 Engine

★ 제트 엔진은 공기의 '흡입-압축-연소-배기'의 4단계를 거치며 추력을 발생시킨다.
   • 흡입 단계: 엔진 앞부분의 흡입구를 이용하여 공기 흡입
   • 압축 단계: 흡입된 공기를 압축기로 보내 고밀도, 고온으로 압축
   • 연소 단계: 압축된 공기는 연소실로 보내져 연료와 함께 점화
   • 배기 단계: 연소되어 발생한 가스를 엔진 뒤쪽으로 강력하게 분출해 그 반작용으로 추력 발생

또한, 엔진으로 흡입된 공기의 일부분은 '공기 냉난방 장치(Air Conditioning System)'를 거쳐 적절한 온도로 조절된 후 기내로 유입된다. 엔진에서 고온으로 멸균된 깨끗한 공기가 기내로 공급되어 지속적으로 순환함으로써 쾌적한 기내 환경이 유지된다.

2 APU

APU(Auxiliary Power Unit)는 항공기 후방에 장착된 작은 제트 엔진으로 '보조 동력 장치'의 역할을 한다. APU는 엔진처럼 추력을 발생하지는 않지만, 지상에서 엔진 작동 전 혹은 비행 중 엔진이 멈출 경우 기내에 전기와 공기를 공급할 수 있다. 또한, 엔진의 최초 구동을 위해 APU에서 만든 압축 공기(Bleed Air)를 엔진에 공급하여 엔진 시동 장치로도 사용된다.

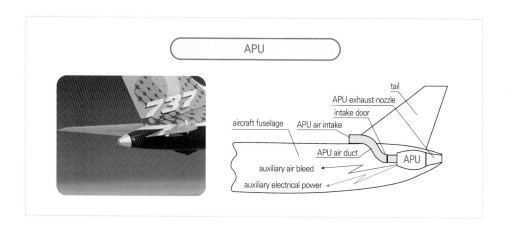

3 GPU

GPU(Ground Power Unit)는 '지상 동력 장치' 또는 '외부 동력 장치'라고도 한다.

엔진 시동 전 항공기가 지상에 주기되어 있는 동안 항공기에 필요한 전기를 공급하는 장치이다. 항공기 지상 주기 시에는 GPU와 APU를 모두 사용할 수 있지만 APU 사용 시 배기가스 및 소음, 연료 효율 등의 문제로 GPU가 있는 공항에서는 GPU를 우선적으로 사용한다.

탑승교 부착형 GPU(좌), 이동형 GPU(우)

② 산소 공급 시스템

항공기에는 기내 감압 발생 시 승객과 승무원에게 산소를 공급해 주기 위해 산소 공급 시스템(Oxygen Supply System)이 설치되어 있다. 승객과 승무원이 착용하게 되는 산소마스크는 승객 좌석 상단, Jumpseat 상단, Galley 및 Lavatory 내부 상단, 운항승무원 좌석 근처 등 기내 대부분의 위치에 보관되어 있다. 기내 감압 발생으로 인하여 객실 고도가 약 14,000ft에 도달하면 Ceiling Compartment의 패널이 자동으로 열리면서 산소마스크가 아래로 떨어진다. 산소가 공급되는 방식은 크게 화학 반응식 개별 산소 공급 시스템(Chemically generated Oxygen Supply System)과 탱크 산소 공급 시스템(Tank Oxygen Supply System) 두 종류이다.

산소마스크 Drop

1 화학 반응식 개별 산소 공급 시스템

화학 반응식 개별 산소 공급 시스템의 산소 발생기는 승객 좌석 위에 설치되어 있으며, Ceiling Compartment에서 떨어진 산소마스크를 잡아당겨야 산소가 공급된다. 산소마스크를 잡아당기면 산소 발생기에 연결된 핀(Actuator Pin)이 빠지면서 화학 반응을 시작하고 화학 반응의 결과로 산소가 발생한다. 화학 반응으로 인해 고열이 발생하며, 이로 인해 객실 온도가 상승하고 타는 냄새 및 연기가 발생할 수 있다. 산소 공급이 시작된 후에는 산소 공급을 중단할 수 없다.

화학 반응식 개별 산소 공급 시스템

2 탱크 산소 공급 시스템

탱크 산소 공급 시스템의 산소는 항공기 동체 하단에 장착된 대용량의 산소 탱크로부터 공급된다. 마스크를 잡아당기지 않아도 산소가 공급되며, 객실의 온도 상승/타는 냄새/연기 발생과 같은 화학 반응으로 인한 특징은 나타나지 않는다. 조종실에서 운항승무원이 산소 공급을 중단할 수 있다.

③ 조명 시스템

1 일반등

일반등(Cabin Light)은 객실 내부에서 평상시 사용하는 조명으로, 비행 단계 및 서비스 시점에 따라 객실승무원이 직접 조명의 밝기를 조절한다. 조명의 밝기는 Off-Dim-(일부 기종 Mid 추가)-Bright 단계가 있으며, 최신 기종에서는 Cabin Attendant Panel에서 다양한 스타일로 기내 조명을 설정할 수 있다.

📍 일반등 종류

- Ceiling Light: 객실 천장에 설치되어 있다.
- Sidewall Light(Window Light): 승객 좌석 옆 창문 상단에 설치되어 있다.
- Reading Light: 승객의 각 좌석을 비추는 조명이다.
- Galley Light: Galley 내 다양한 위치에 조명이 설치되어 있다.
- Lavatory Light: 항공기에 전원이 공급되면 Dim 단계로 켜지며, 화장실 Door를 잠그면 자동으로 Bright로 켜진다.

Ceiling Light

Sidewall Light(Window Light)

Reading Light(좌), Galley Light(우)

2 비상등

비상등(Emergency Light)은 항공기로부터 안전한 탈출을 위해 탈출로를 비추는 조명으로 내부 비상등과 외부 비상등이 있다. 비상등은 Engine이나 APU가 아닌 별도의 비상 배터리에서 전력이 공급되므로 Engine이나 APU가 멈추어도 작동이 가능하다.

❶ 내부 비상등

내부 비상등(Interior Emergency Light)은 항공기 내부의 탈출로를 비춘다.

· Aisle Area Light: 객실 천장에 설치되어 통로를 비춘다.

- Escape Path Light(유도등): 객실 통로 바닥에 설치되어 비상구까지의 탈출로를 비춘다.
- Exit Sign Light: 비상구 주변에 설치되어 비상구의 위치를 알려준다.

❷ 외부 비상등

외부 비상등(Exterior Emergency Light)은 항공기 외부의 탈출로를 비춘다.

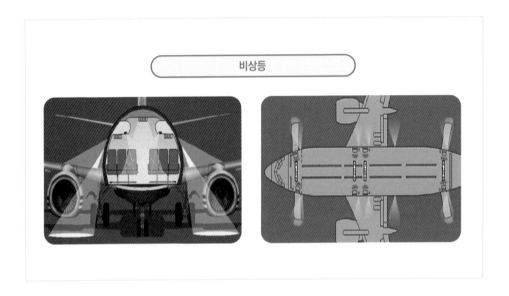

❸ 비상등 켜는 방법

항공기 고장이나 충격으로 인해 항공기에 전원 공급이 중단되면 항공기 내외부의 비상등이 자동으로 켜진다. 자동으로 켜지지 않을 경우, 조종실에서 운항승무원이 ELS(Emergency Light Switch, 항공기 내외부의 비상등을 작동시키는 장치)를 누르거나 객실에서 객실승무원이 ELS를 누르면 비상등이 켜진다. 객실 내 ELS는 L1 또는 L2 Door 주변에 있으며, 오작동 방지를 위해 투명한 덮개로 덮여 있다.

④ 커뮤니케이션 시스템

1 Passenger Information Sign

객실에는 객실승무원과 승객에게 정보를 전달하기 위해 아래와 같이 다양한 Sign이 설치되어 있다.

① Fasten Seat Belt Sign: 항공기 요동에 대비해 좌석벨트 착용을 알리는 Sign으로 Sign이 켜지거나 꺼질 때 동시에 Single Chime이 울린다.

② No Smoking Sign: 금연을 알리는 Sign이다.

③ Exit Sign: 탈출구의 위치를 알리는 Sign으로 모든 탈출구 주변에 설치되어 있다.

④ Lavatory Occupied Sign: 화장실이 사용 중임을 알리는 Sign이다.

2 Master Call Display

Master Call Display에 켜지는 Light의 색으로 승객 및 다른 승무원들과 커뮤니케이션하는 시스템이다. Master Call Display에 켜지는 색의 의미는 일부 기종을 제외하고는 대부분 다음과 같다.

① Blue(파란색): 승객 좌석의 승무원 호출 버튼을 누른 경우 켜지며(점등), Single Chime이 1회 울린다.

② Amber(호박색): 화장실 내부의 승무원 호출 버튼을 누른 경우 켜지며(점등), Single Chime이 1회 울린다.

③ Red(빨간색): 조종실이나 다른 Station에서 Interphone 기능을 사용해 객실승무원을 호출한 경우 켜진다.

· 1:1 Attendant Call: Red Light 점등, High/Low Chime 1회

· All Attendant Call: Red Light 점멸, High/Low Chime 1회

Master Call Display(B787, B737, A220)

3 PA 및 Interphone System

객실승무원은 기내에 설치된 Handset을 사용하여 승객들에게 정보를 전달하기 위해 기내 방송(Public Address, PA)을 실시하거나 객실 내 다른 Station의 객실승무원 및 조종실의 운항승무원과 통화(Interphone)할 수 있다. Handset은 일반적으로 Jumpseat 주변에 설치되어 있으며 일부 기종은 Galley에도 설치되어 있다.

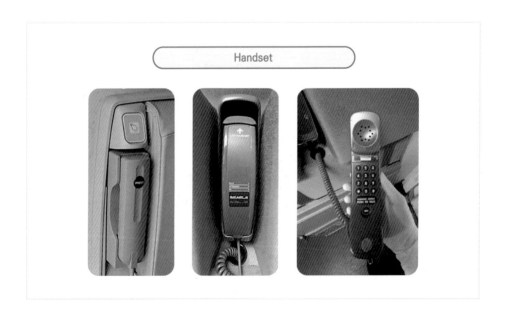

Handset

1) PA 사용 방법

① Handset을 꺼낸다.

② 방송을 실시할 구역의 **PA 버튼**[★1]을 누른다.

③ 'PTT' 버튼을 누른 채 말한다.(PTT: Push To Talk)

④ 기내 방송을 마치고 Handset을 리셋하기 위해서는 'Reset' 버튼을 누르거나 Handset을 원위치한다.

2) Interphone 사용 방법

(1) 발신자

① Handset을 꺼낸다.

② 통화할 **Station의 버튼**[★2]을 누르고 상대방이 받으면 통화한다.

· 일부 기종에서는 PTT 버튼을 누르는 것만으로도 기내 방송(Direct PA)이 되므로 통화 중 PTT 버튼을 누르지 않도록 주의한다.

③ 통화를 마치고 Handset을 리셋하기 위해서는 'Reset' 버튼을 누르거나 Handset을 원위치한다.

> ➡ All Attendant Call(All Call)
>
> All Attendant Call은 조종실을 제외한 객실 내 모든 Station의 객실승무원들이 동시에 함께 통화할 수 있는 기능이다. Boeing 항공기의 경우 Handset의 '5'와 '4' 버튼을 순서대로 누르면 객실 내 모든 Station의 Master Call Display에 Red Light가 점멸하고, High/Low Chime이 1회 울린다.

★1 • B787, B747, B777 항공기의 구역별 PA 버튼
  - 모든 구역: 4, 6 / 일등석: 4, 1 / 비즈니스석: 4, 2 / 일반석: 4, 3
  • B737 항공기는 객실 전체 PA만 가능하며, Handset의 버튼 8을 한 번 누른다.
★2 Boeing의 경우, 중대형기에서 L1으로 Call하기 위해서는 Handset의 버튼 1을 두 번 누르고, L2는 1과 2, L3는 1과 3, L4는 1과 4, L5는 1과 5를 순서대로 누른다. R1으로 Call하기 위해서는 2와 1, R2는 2와 2, R3는 2와 3, R4는 2와 4, R5는 2와 5 버튼을 순서대로 누른다. 소형기인 B737 항공기는 버튼 5를 한 번 누른다.

(2) 수신자

Call이 수신된 Station에서는 Master Call Display에 Red Light가 켜지고 High/Low Chime이 울리는 현상으로 Call이 수신된 것을 알 수 있다. Interphone을 받을 때에는 고정 장치에서 Handset을 꺼낸 후 어떠한 버튼도 누를 필요 없이 그대로 통화하면 된다. 수신자는 현재 자신의 Door 위치와 이름을 말한 후 발신자와 통화한다.

항공기 구조 및 항공안전실무

항공기 Exit

① 항공기 Exit

1 항공기 Exit의 종류

항공기의 Exit은 위치, 모양 및 작동법 등의 차이에 따라서 Door Exit, Overwing Window Exit, Cockpit Window Exit으로 구분한다.

1) Door Exit

Door Exit은 정상상황과 비상상황 시 모두 사용할 수 있는 출입구이다.

정상상황에서는 승객과 승무원의 탑승 및 하기, 서비스 용품의 탑재 및 하기를 위해 출입구로 사용되며, 비상상황에서는 승객과 승무원의 신속하고 안전한 탈출을 위해 비상 탈출구로 사용된다.

B777, A220, A330 Door Exit

2) Overwing Window Exit

Overwing Window Exit은 항공기 날개 위쪽에 위치한 창문 형태의 탈출구이다. Door Exit에 비하여 크기가 작고 주 날개 위쪽에 위치하여 정상상황에서의 출입구로는 적합하지 않아 비상시 비상 탈출구로만 사용된다.

Overwing Window Exit 외부(B737)

Overwing Window Exit 내부(B737, A220)

Overwing Window Exit을 열기 위해서는 손바닥을 위로 하여 Operating Handle을 잡고 아래로 당겼다가 놓으면 자동으로 위로 올라가 동체에 고정된다.

3) Cockpit Window Exit

Cockpit Window Exit은 비상시 운항승무원의 신속한 탈출을 위하여 Cockpit에 설치된 창문형 탈출구이다. 일부 항공기에는 Cockpit 천장의 Hatch를 열고 탈출하는 Cockpit Overhead Hatch가 설치되어 있다. 모든 Cockpit Window Exit 및 Cockpit Overhead Hatch의 근처에는 Escape Rope가 보관되어 있어 탈출 시 운항승무원이 꺼내 탈출용 밧줄로 사용한다.

기종별 Exit 종류

B737 항공기	B787 항공기
〈Exit: 총 10개〉 • Door Exit: 4개 • Overwing Window Exit: 4개 • Cockpit Window Exit: 2개	〈Exit: 총 9개〉 • Door Exit: 8개 • Cockpit Overhead Hatch: 1개
A220 항공기	A330 항공기
〈Exit: 총 7개〉 • Door Exit: 4개 • Overwing Window Exit: 2개 • Cockpit Overhead Hatch: 1개	〈Exit: 총 10개〉 • Door Exit: 8개 • Cockpit Window Exit: 2개

2 Door 구성 요소

1) Door 구성 요소

B787 Door

❶ **Assist Handle**

정상상황과 비상상황 시 Door를 열거나 닫을 때 객실승무원의 안전 확보를 위해 잡는 손잡이이다. 승객의 탈출을 지휘하는 동안에도 승객에게 밀려 떨어지지 않기 위해 반드시 Assist Handle을 잡아야 한다.

❷ **Viewing Window**

Door에 장착되어 있는 작은 창문으로 내부에서 외부 상황을 그리고 외부에서 내부 상황을 확인하기 위해 사용한다.

❸ **Window Dimming Control Switch**(B787 Only)

B787 기종의 Window에는 Window Shade(창문 덮개)가 없으며 Window의 투명도를

조절하여 빛을 차단한다. Viewing Window의 투명도는 Viewing Window 상단에 위치한 Window Dimming Control Switch를 눌러 2단계로 조절한다.

· 승객 좌석 옆의 Window는 총 5단계로 투명도가 조절되며 Window 하단에 위치한 Window Dimming Control Switch를 눌러 조절한다.

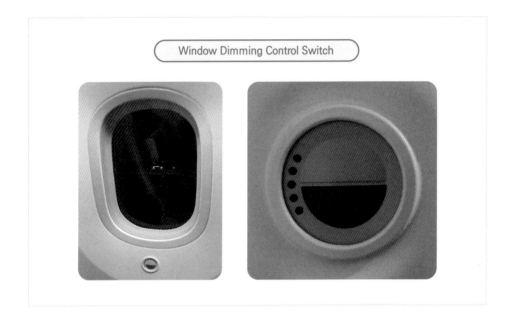

❹ Door Locked Indicator(B787 Only)

Door의 닫힘 상태를 나타내는 좌물쇠 모양의 Indicator로 Viewing Window 하단에 설치되어 있다. Door가 완벽히 닫히면 좌물쇠 모양에 Green Light가 점등되고, 완벽히 닫히지 않으면 Green Light가 꺼진다. 객실승무원은 Door를 닫은 후 Door 문틈의 유격 및 이물질 확인과 함께 Door Locked Indicator의 점등 상태를 확인하여야 한다.

❺ Door Mode Select Panel

Door의 Mode를 변경하기 위한 Panel이다. B737 항공기를 제외한 대부분의 항공기 Door에 설치되어 있다. B737은 객실승무원이 직접 Girt Bar를 손으로 옮겨 Door Mode를 변경한다.

Door Locked Indicator(좌), Door Mode Select Panel(우)

B737 Door

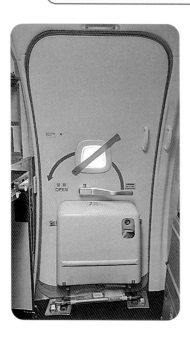
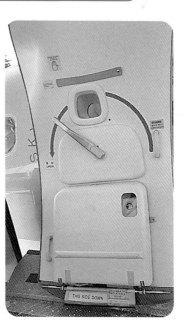

❻ Arming Lever

Door Mode Select Panel 내부에 있으며 Door Mode를 변경하기 위해 사용하는 막대기이다. Arming Lever는 Girt Bar와 연결되어 있어 Aarming Lever의 위치를 바꾸면 Door Mode를 정상 위치 또는 팽창 위치로 변경할 수 있다.

❼ Gust Lock

Door를 연 후 Door를 항공기 동체에 고정시키는 장치이다. 객실승무원은 Door를 연 후 Gust Lock 상태를 확인해야 한다.

❽ Gust Lock Release Handle

Door를 닫을 때 Gust Lock을 해제하기 위해 잡아당기는 손잡이로 B787 및 B777 기종에 설치되어 있다. 다른 기종의 Door에서는 Gust Lock Release Button이나 Gust Lock Release Lever를 조작해 Gust Lock을 해제한다.

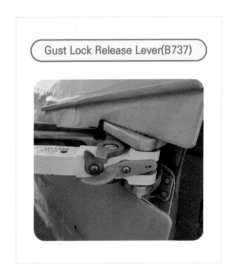

Gust Lock Release Lever(B737)

❾ Door Operating Handle

Door를 열거나 닫을 때 조작하는 손잡이이다. Door Operating Handle 근처에 Open 방향 표시가 있어 작동 방향을 쉽게 알 수 있다. Door Operating Handle은 Door의 내부와 외부에 모두 장착되어 있다.

❿ Slide Bustle

Door 하단 부분에 장착된 Hard Case이다. Slide Bustle 내부에는 Slide 또는 Slide Raft가 보관되어 있다. 객실승무원은 비행 중 승객이 Slide Bustle 위에 무거운 짐을 올리거나 착석하는 등의 행위를 하여 Slide Bustle 및 내부 장치가 고장나지 않도록 주의해야 한다.

⑪ Slide(Slide Raft) **Gas Bottle Gage**

Slide Bustle 상단에 설치되어 있는 Gage
이다. Gage는 Slide 또는 Slide Raft를 팽창
시키는 Gas Bottle의 충전 상태를 나타내며,
Gage 내 바늘이 Green Zone에 있어야 한다.

Slide(Slide Raft) Gas Bottle Gage

⑫ Girt Bar

Slide 또는 Slide Raft와 연결된 기다란 금
속 막대로 Door 하단에 위치한다. Girt Bar의 위치에 따라 Door Mode가 정상 위치 또
는 팽창 위치로 변경된다.

- 정상 위치(Disarmed/Manual Mode): Girt Bar가 Door에 고정된 상태
- 팽창 위치(Armed/Automatic Mode): Girt Bar가 Floor에 고정된 상태

B737 항공기는 Door Mode Select Panel이 없고, Door 하단에 Girt Bar가 노출되
어 있어 객실승무원이 직접 Girt Bar를 떼어 Door 또는 Floor로 옮겨 고정시킨다. B737
이외의 항공기는 Girt Bar가 Slide Bustle 안쪽으로 들어가 있어 눈에 보이지는 않지만
Arming Lever와 연결되어 있으므로 객실승무원은 Arming Lever를 조작하여 Door
Mode를 변경할 수 있다.

2) Escape Device 종류 및 부속 장비

Escape Device는 항공기로부터 신속하고 안전하게 탈출하기 위해 사용하는 탈출장비
이다. Escape Device의 종류로는 Slide, Slide Raft, Life Raft가 있다.

(1) Escape Device 종류

❶ Slide

Slide는 비상착륙 시 승객과 승무원이 지상으로 내려오기 위해 미끄럼틀로 사용하
는 비상 탈출장비이다. 물에서 구명정(Rescue Boat)의 역할은 할 수 없지만 부유물(Floating

Slide, Slide Raft, Life Raft

Device)로 사용할 수 있다. Slide의 종류는 한 사람씩 내려갈 수 있는 Single Lane Slide와 두 사람씩 내려갈 수 있는 Double Lane Slide가 있다.

❷ Slide Raft

Slide Raft는 지상에서 미끄럼틀의 역할과 수상에서 구명정의 역할을 모두 할 수 있는 장비로 비상착륙과 비상착수 시 모두 사용할 수 있다. 종류는 Single Lane Slide Raft와 Double Lane Slide Raft가 있다.

 항공기별 Escape Device 종류

B737/A220	• Door No.1/2: Single Lane Slide
B787-9	• Door No.1/3: Single Lane Slide Raft • Door No.2/4: Double Lane Slide Raft
B777-200	• Door No.1/2/3/4: Double Lane Slide Raft
B777-300	• Door No.1/2/4/5: Double Lane Slide Raft • Door No.3: Double Lane Slide
A330-200/300	• Door No.1/2/4: Double Lane Slide Raft • Door No.3: Single Lane Slide

❸ Life Raft

모든 Door에 Slide만 장착되어 있는 기종이 **장거리 해상 비행***을 할 경우 비상착수에 대비해 탑재되는 구명정이다. Overwing Window Exit 근처의 Overhead Bin 혹은

Overhead Stowage Bin 내부에 길쭉한 파우치 형태로 탑재되며, 팽창 시 육각형 또는
팔각형 모양으로 펼쳐진다. 미끄럼틀의 역할은 할 수 없으므로 비상착륙 시에는 사용하
지 않는다.

⊙ Life Raft 사용법

- 보관 장소에서 Life Raft를 꺼내 탈출구로 옮긴다.
- 탈출구 근처 단단한 곳에 Mooring Line을 연결한 후 물로 던진다. 물과 부딪히면 자동 팽
  창한다.
- 승객들이 Life Raft에 모두 탑승하고 나면 Life Raft와 항공기를 분리하기 위해 Life Raft
  표면에 부착된 Knife를 꺼내 Mooring Line을 자른다.

(2) Escape Device 부속 장비

❶ Manual Inflation Handle

Door의 Mode가 팽창 위치인 상태에서 Door를 열면 Slide 또는 Slide Raft는 자동 팽
창하는 것이 정상이다. 하지만 자동으로 팽창하지 않을 경우 수동으로 Slide 또는 Slide

Manual Inflation Handle

★ 장거리 해상 비행: 비상착륙에 적합한 육지로부터 120분 또는 740km 이상의 해상 비행을 하는 경우를 의미한다.

Raft를 팽창시키기 위해 잡아당기는 손잡이가 Manual Inflation Handle이다. Door의 Mode를 팽창 위치에 두고 Door를 열 경우에만 Door 하단에 보인다.

❷ Ditching Release Handle

팽창되어 물 위에 떠 있는 Slide 또는 Slide Raft는 항공기로부터 분리해야 한다.

이때 항공기로부터 Slide 또는 Slide Raft를 분리하기 위해 일차적으로 잡아당기는 손잡이가 Ditching Release Handle이다. Detachment Handle이라고도 한다.

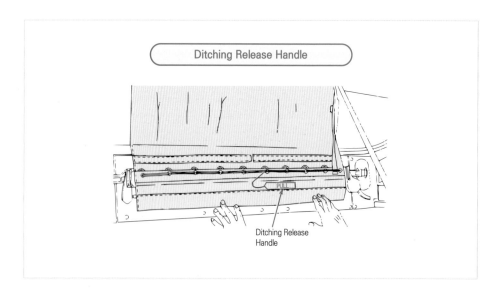

📍 Ditching Release Handle 사용법

- Door 하단의 Girt Bar를 덮고 있는 덮개(Flap)를 들어올린다.
- 덮개 내부의 Ditching Release Handle을 잡아당긴다.
- Girt Bar와 연결된 끈이 풀어지면서 항공기와 Slide 또는 Slide Raft가 분리된다.

❸ Mooring Line

Ditching Release Handle을 잡아당겨 항공기와 일차적으로 분리된 Slide 또는 Slide Raft는 아직 최종적 줄인 Mooring Line과 연결되어 있다. 이 Mooring Line은 항공기

에 다시 들어가야 할 경우를 대비하여 장착되어 있다. 항공기와 Escape Device의 완전한 분리를 위해서는 Escape Device 표면의 파우치 안에 보관된 Knife를 꺼내 Mooring Line을 자르거나 Mooring Release Handle을 잡아당긴다.

❹ Heaving Line

물에 빠진 사람을 구조하기 위해 Heaving Line을 물에 던져 사람을 끌어올리는 데 사용할 수 있다. 또한, Raft끼리 서로 연결하기 위한 용도로도 사용된다.

❺ Sea Anchor

Raft의 전복을 예방하고 Raft가 항공기로부터 멀리 떠내려가지 않도록 하기 위해 물로 던지는 장비이다. Sea Anchor와 Heaving Line은 Slide Raft 또는 Life Raft 표면의 파우치에 담겨 있어 필요시 꺼내어 사용한다.

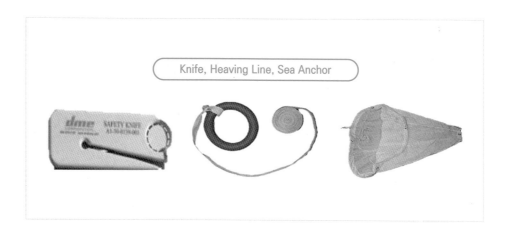

Knife, Heaving Line, Sea Anchor

3 Door 작동법

1) Door Open 절차

정상상황에서 항공기 Door는 Slide 또는 Slide Raft의 오작동을 방지하기 위해 외부에서 여는 것을 원칙으로 한다.

(1) Door 외부 Open 절차

❶ Door 외부의 지상 직원이 Viewing Window를 두드려 Door Open이 가능한지 묻는다.

❷ 내부의 객실승무원은 Door Open이 준비된 경우에는 Thumb up을, 준비되지 못한 경우에는 양손의 검지로 'X'를 표시하여 Viewing Window 앞에서 수신호를 전달한다. 단, 다음과 같은 경우에는 예외적으로 항공기 내부에서 Door를 연다.

> 📍 **내부에서 Door Open이 필요한 경우**
>
> • 외부에 직원이 있지만, 외부 직원이 Door를 열지 못하는 경우
> • 외부에 직원이 없지만, 기내 Irregular 등으로 인해 내부에서 Door를 열어야 하는 경우
> • B737 항공기

(2) Door 내부 Open 절차

❶ Door Open은 반드시 객실승무원이 2인 1조로 수행한다. 선임은 조작 승무원, 후임은 관찰 승무원 역할을 하며, 관찰 승무원은 조작 승무원이 정확하게 Door를 여는지 가까이에서 확인하고 이상이 발견되면 즉시 시정을 요구한다.

❷ 조작 승무원은 관찰 승무원이 들을 수 있도록 아래와 같이 말하면서 각 절차를 수행한다.

> • "Fasten Seatbelt Sign Off 확인"
> • "외부 상황 정상 확인"
> • "Door Mode 정상 확인"
> • "Door Open"

❸ Door Open 시, 한 손은 Assist Handle을 잡고 다른 손으로는 Door Operating Handle을 잡아 화살표 방향으로 돌린 후 Door를 바깥쪽으로 완전히 민다.

❹ Gust Lock을 확인한 후 "Gust Lock 확인"이라고 말한다.

(3) Door Close 절차

❶ Gust Lock을 해제하면서 "Gust Lock 해제"라고 말한다.

· B787/B777: Gust Lock Release Handle을 잡아당겨 Gust Lock을 해제한다.

· 그 외 기종: Gust Lock Release Button 또는 Gust Lock Release Lever를 조작하여 Gust Lock을 해제한다.

❷ 한 손은 Assist Handle을 잡고 다른 손으로 Door가 거의 닫힐 때까지 당긴 후 Door Operating Handle을 화살표 반대 방향으로 돌린다.

❸ 마지막으로 Door가 완벽히 닫혔는지 확인하기 위해 Door Locked Indicator의 점등 상태와 Door 틈새의 유격 및 이물질 여부를 확인한다.

· B737: Door locked Indicator가 없으므로 바로 "유격 및 이물질 확인"을 실시한다.

4 Door Mode 변경 절차

1) 출발 시

❶ 1단계 객실사무장의 지시

객실사무장은 Bridge 또는 Step Car가 항공기로부터 분리되는 것을 확인한 후,

객실 내 모든 Station으로 All Attendant Call을 실시한다. 객실승무원들이 All Attendant Call을 받으면 객실사무장은 "Cabin Crew, Safety Check And Cross Check!" 이라고 말하여 Door Mode 변경(정상 위치 → 팽창 위치)을 지시한다.

❷ 2단계 Door Mode 변경 및 상호 확인

객실승무원들은 담당 Door의 Mode를 '정상 위치'에서 '팽창 위치'로 변경한다. 이후 반대편 Door의 객실승무원과 Door Mode 변경 여부를 상호 확인한다. 정확한 확인을 위해 손으로 담당 Door의 Arming Lever를 Thumb up하여 가리키고, 눈으로는 반대편 Door의 Arming Lever가 팽창 위치에 있는지 확인하여 Cross Check 한다.

❸ **3단계 All Attendant Call에 응답**

객실사무장이 두 번째 All Attendant Call을 실시한다. 이에 L Side 객실승무원만 Interphone을 받아 최후방부터 최전방 순으로 차례로 응답한다. 이상이 없는 경우에는 담당 Door를 먼저 말한 후 "Safety Check 했습니다!"라고 말하고, 이상이 있으면 이상 상황에 대해 보고한다. R Side 객실승무원은 객실사무장의 All Attendant Call에 응답하지 않지만, L Side 객실승무원의 응답이 끝날 때까지 담당 Door에서 대기한다.

- 이상이 없는 경우 응답 예시: "L5, Safety Check 했습니다!"

2) 도착 시

❶ **1단계 객실사무장의 지시**

객실사무장은 Fasten Seatbelt Sign이 꺼지고 Bridge 또는 Step Car가 다가오는 것을 확인한 후, All Attendant Call하여 모든 Station의 객실승무원들에게 Door Mode 변경(팽창 위치 → 정상 위치)을 지시한다. 이때 객실사무장은 출발 시와 동일하게 "Cabin Crew, Safety Check And Cross Check!"라고 말한다.

❷ **2단계 Door Mode 변경 및 상호 확인**

객실승무원들은 담당 Door의 Mode를 '팽창 위치'에서 '정상 위치'로 변경한다. 이후 상호 확인 절차는 출발 시와 동일하다.

❸ **3단계 All Attendant Call에 응답**

출발 시와 동일한 절차로 응답한다.

3) B787 Door Mode 변경

① Door Mode Select Panel의 덮개를 열고 Arming Lever의 위치를 바꾼다.
② Arming Lever가 Green Band(정상 위치) 또는 Red Band(팽창 위치) 위에 정확히 있는지 확인한다.
③ Door Mode Indicator Light가 '점등'하는지 확인한다.

- Arming Lever가 Green Band 또는 Red Band 위에 정확하게 위치하지 않으면 Door Mode Indicator Light가 '점멸'한다.
④ Door Mode Select Panel의 덮개를 닫는다.

Bridge(좌), Step Car(우)

팽창 위치(좌), 정상 위치(우)

4) B737 Door Mode 변경

    B737 항공기의 경우 Door Mode Select Panel 및 Arming Lever가 없으므로 객실승무원이 직접 Girt Bar를 옮겨 Door Mode를 변경한다. 이때 안전한 Door Mode 변경을 위해 Girt Bar 조작 전과 후에 Red Warning Flag를 사용한다.

📍 **정상 위치에서 팽창 위치로 변경 절차**

  ① Red Warning Flag를 떼어 Viewing Window 위를 가로지르게 대각선으로 부착한다.
  ② Girt Bar를 Door에서 분리하여 Floor에 고정한다.

> 팽창 위치(좌), 정상 위치(우)

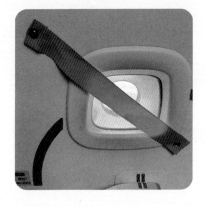
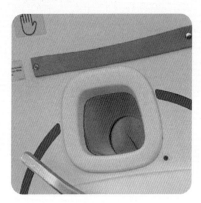

팽창 위치에서 정상 위치로 변경 절차

① Girt Bar를 Floor에서 분리하여 Door에 고정한다.

② Red Warning Flag를 떼어 Viewing Window 상단에 수평으로 부착한다.

팽창 위치(좌), 정상 위치(우)

Chapter
04

비상장비

객실 내부에는 비행 중 발생할 수 있는 다양한 비상상황에 대비해 응급처치 장비, 비상 탈출 및 착수장비, 화재장비 등이 보관되어 있다. 보관 장소에는 각 장비에 해당하는 Decal이 부착되어 있어 신속하게 위치를 파악할 수 있다.

객실승무원은 비상상황 발생 시 신속하고 정확하게 비상장비를 사용하기 위해 모든 비상장비의 목적, 사용법, 사용 시 주의 사항, 점검 요령 등을 완벽하게 숙지하고 있어야 한다.

비행 전 장비 점검(Pre-flight Check)이란, 객실승무원이 항공기에 탑승한 후부터 승객 탑승 전까지 객실 내 비상장비와 보안장비를 정해진 점검 요령을 이용하여 점검하는 절차를 의미한다. 해당 절차는 객실사무장이 PA로 지시하며, 모든 객실승무원은 객실사무장의 PA에 맞추어 동시에 점검을 실시한다.

점검 중 장비의 이상이 발견되면 객실승무원은 객실사무장에게 즉시 보고하고, 보고를 받은 객실사무장은 다시 운항승무원과 정비사에게 보고하여 적절한 조치가 이루어질 수 있도록 한다.

운항승무원은 보고받은 장비의 조치 사항을 결정하기 위해 MEL(Minimum Equipment List)을 참고한다. MEL(Minimum Equipment List)은 '기종별 비행이 가능한 최소한의 장비 및 설비의 상태 목록'으로, 항공기의 출발 여부 및 관련한 조치 사항을 결정하는 기준이 된다.

Decal(좌), 비상장비(우)

① 응급처치 장비

1 FAK

FAK(First Aid Kit)는 기내 응급 환자 발생 시 응급처치를 위해 객실에 탑재되는 장비이다. 내용품은 의사의 처방 없이도 사용이 가능한 의약품과 의료용품으로 구성되어 있으며, 의료인(의료인의 법적 범위: 의사, 한의사, 치과의사, 간호사, 조산사)을 비롯한 객실승무원이 사용할 수 있다. 내용품의 수량과 사용 방법은 FAK 내부의 '내용품 목록'을 보고 확인 가능하다.

1) 내용품

❶ 의약품

해열 진통제, 멀미약, 항히스타민제(알레르기 완화), 제산제(위통 완화), 지사제(설사 완화) 등

FAK

❷ 의료용품

일회용 밴드, 반창고, 붕대, 거즈, 멸균 면봉, 삼각건, 부목, 가위, 핀셋, 전자 체온계(비접촉식), Face Mask 등

2) 주의 사항

- 사용 전: 운항승무원에게 반드시 보고 후 사용
- 사용 시: Kit의 Seal을 뜯고 사용
- 사용 후: 미사용 내용품은 Kit 내에 다시 넣고 Seal하여 원위치 보관

3) 점검 요령

- 정위치
- Seal 상태

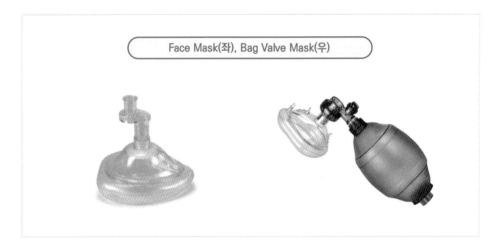

Face Mask(좌), Bag Valve Mask(우)

2 EMK

EMK(Emergency Medical Kit)는 기내 응급 환자 발생 시 전문적인 의학적 치료를 위해 탑재되는 장비이다. 대부분의 내용품은 의료인만이 사용 가능하며, Bag valve mask, 탄력

붕대, 접착테이프, 가위 등 일부는 객실승무원도 사용할 수 있다. 내용품의 목록, 수량, 용법 등 자세한 사항은 EMK 내부의 '내용품 목록'을 통해 확인 가능하다.

1) 내용품

❶ 의약품

주사용 항히스타민제, 주사용 항경련제, 주사용 이뇨제, 정맥 주사용 포도당, 자궁 수축제 등

❷ 의료용품

인공 기도, 청진기, 탯줄 집게, 주사기 및 주사용 바늘, 주사 바늘 폐기함, 정맥혈류기,

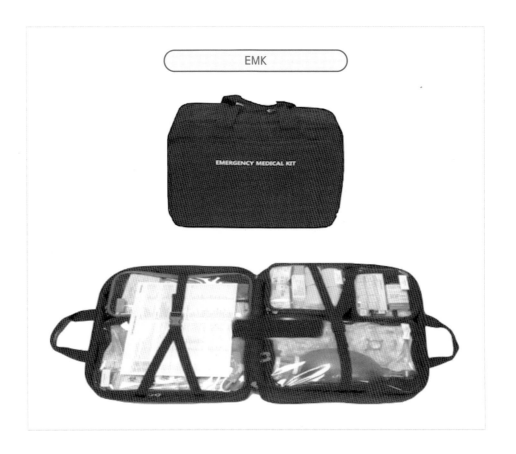

EMK

정맥 주사용 카테터, 대형 정맥 캐뉼러, Bag Valve Mask, 탄력 붕대, 접착테이프, 가위 등

❸ Outer Pack 내부

UPK, 청진기, 수동식 혈압계, 전자 체온계(접촉식), 혈당 측정기, 승객건강상태 CHK LIST 등

2) 주의 사항

- 사용 전: 운항승무원에게 반드시 보고 후 사용
- 사용 시: Kit의 Seal을 뜯고 사용
- 사용 후: 미사용 내용품은 Kit 내에 다시 넣고 Seal하여 원위치 보관

3) 점검 요령

- 정위치
- Seal 상태

3 AED

AED(Automated External Defibrillator)는 '자동 제세동기' 또는 '자동 심장 충격기'라고도 하며, 심정지 및 심실세동 환자 발생 시 심장에 강한 전류를 순간적으로 흘려보내 심장 박동을 복구하기 위해 사용하는 장비이다. 기내에서는 의료인과 응급구조사를 비롯한 AED 교육을 이수한 객실승무원이 사용할 수 있다. 환자의 의식과 호흡이 없다고 판단되면 즉시 심폐 소생술을 시작하고 AED를 사용해야 한다.

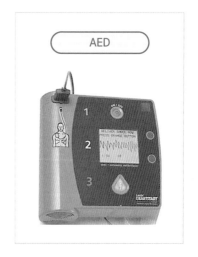

AED

1) 내용품

본체, 전기 패드 2개, 1회용 면도기, 사용 설명서 등으로 구성된다.

2) 주의 사항

- 전 연령에게 사용 가능하나 영아나 소아의 경우 패드를 가슴 중앙과 등 중앙에 부착한다.
- 패드 부착 시 물기와 귀금속을 제거하고 가슴의 털이 많은 경우에는 면도 후 패드를 완벽히 밀착시켜 부착한다. 금속에는 전기가 더 잘 통하므로 와이어가 포함된 여성 속옷도 미리 제거하여야 한다.

3) 점검 요령

- 정위치
- 배터리 상태의 모래시계 모양(구형) 또는 Green Light(신형) 확인

  * 배터리 충전 상태가 부족할 경우 X자 모양(구형) 또는 Red Light(신형)가 보인다.

4 UPK

UPK(Universal Precaution Kit)는 응급처치 시 환자의 체액과 혈액으로부터 감염되는 것을 방지하기 위해 사용하는 감염예방도구이다. 채액이나 혈액이 몸 밖으로 분비되는 환자 또는 감염병이 의심되는 환자를 응급처치할 경우 사용한다.

1) 내용품

의료 장갑, 마스크, 가운, 액체 응고제, 오물 처리 주걱, Biohazard Bag, 살균 타올, 피부세척용 티슈 등

2) 사용법

- 의료 장갑, 마스크, 가운을 착용한다.
- 다량의 혈액 및 체액은 액체 응고제를 뿌려 고체로 만든 후 오물 처리 주걱을 이용하여 오염물 처리용 전용 봉투인 Biohazard Bag에 버린다.
- 혈액 및 체액에 노출된 기내 부위는 살균 타올로 닦고 Biohazard Bag에 버린다.
- 처치 후 객실승무원의 손은 피부 세척용 티슈를 이용하여 깨끗이 씻는다.
- 승무원이 사용한 장갑, 마스크, 가운, 피부 세척용 티슈 등도 모두 Biohazard Bag에 버린다.

3) 점검 요령

- 정위치

5 PO_2 Bottle

PO_2 Bottle(Portable Oxygen Bottle)은 산소를 필요로 하는 기내 응급 환자에게 산소를 공급하기 위해 사용한다.

1) 사용법

① PO_2 Bottle의 Outlet과 튜브의 Fitting이 잘 연결되어 있는지 확인한다.
② Lever를 반시계 방향으로 돌린다.
③ 산소가 흐르는지 확인한다.
④ 산소마스크로 환자의 코와 입을 덮고, 고무 밴드를 사용해 머리에 고정한다.

> ◗ 산소 흐름 확인 방법
> - Type 1 산소마스크: 산소 저장 Bag과 마스크 사이를 손으로 잡아 산소 저장 Bag이 부푸는지 확인
> - Type 2 산소마스크: 산소 저장 Bag 하단의 Green Area가 부푸는지 확인
> - Type 3 산소마스크: 튜브 중간의 초록색 Indicator가 보이는지 확인

PO₂ Bottle

2) 주의 사항

① Outlet이 두 개인 PO$_2$ Bottle의 경우, High Outlet에 연결 시 1분 동안 4리터씩 최대 77분, Low Outlet에 연결 시 1분 동안 2리터씩 최대 154분 산소가 공급된다.

② Outlet이 한 개인 PO$_2$ Bottle의 경우, Lever를 돌려 2리터 또는 4리터로 산소 공급량을 조절한다.

③ 화재 발생 시 화재 주변의 PO$_2$ Bottle을 치워야 한다.

④ PO$_2$ Bottle의 산소가 완전히 소진될 때까지 사용하지 않는다.

3) 점검 요령

· 정위치
· 마스크와 PO$_2$ Bottle Outlet의 연결 상태
· 압력 게이지 상태 1600 PSI★ 이상

★ PSI(Pound Per Square Inch)는 평방 인치당 파운드의 힘으로 압력의 단위이다. PO$_2$ Bottle 내부는 자동차 타이어 압력의 약 53배 정도의 고압으로 산소가 채워져 있다.

② 비상 탈출 및 착수장비

1 Flash Light

비상 탈출 시 어두운 기내에서 Flash Light의 조명을 이용해 승객의 탈출을 지휘하기 위해 사용한다. Jumpseat의 하단이나 주변에 있으며, Automatic Type으로 Bracket에서 꺼내면 자동으로 점등한다. 별도의 On/Off 스위치가 없으므로 사용을 중단하기 위해서는 Flash Light 하단의 뚜껑을 열어 배터리에 연결된 전선을 분리하거나 배터리를 빼낸다. 기종별로 구형과 신형 Flash Light가 탑재되고 있으며, 구형은 최대 2시간, 신형은 최대 4시간까지 사용할 수 있다.

구형 Flash Light의 점검 요령은 '정위치, 충전 지시등 점멸', 신형 Flash Light의 점검 요령은 '정위치, LED Indicator 녹색'을 확인하는 것이다. 구형 Flash Light의 충전 지시

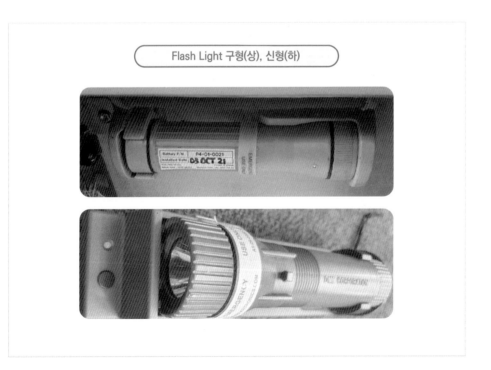

Flash Light 구형(상), 신형(하)

등은 자동으로 상시 점멸하지만, 신형 Flash Light의 LED Indicator는 객실승무원이 직접 'Push to Test' 버튼을 눌러 보아야만 LED Indicator의 색을 확인할 수 있다. Indicator의 Light가 녹색이면 배터리 충전 상태가 정상이고 적색이면 부족을 의미한다.

2 Megaphone

비상 탈출 시 승객의 탈출 지휘를 위해 객실승무원의 목소리를 확대시키는 용도로 사용한다. 사용을 위해서는 보관 장소에서 꺼내 Trigger를 누른 상태로 말하면 된다.

볼륨 조절 버튼이 있는 Megaphone의 경우 원하는 크기로 볼륨을 조절할 수 있고, 사이렌 기능이 있는 Megaphone은 사이렌 핀을 뽑아 사이렌을 울릴 수 있다.

점검 요령은 '정위치, 작동 여부, 고정 상태' 확인이다. 작동 여부 확인을 위해서는 Trigger를 눌러 소리를 들어보아야 하며, 고정 상태 확인을 위해서는 Megaphone을 잡고 살짝 당겨보아야 한다.

3 ELT

ELT(Emergency Locator Transmitter)는 항공기가 비상착륙 또는 착수한 경우, 항공기의 조난 위치를 알리고 구조 요청을 위해 전파를 발신하는 장비이다. 전파는 비상 주파수인 406.025MHz, 121.5MHz, 243MHz로 설정되어 있어 작동 시 자동으로 해당 비상 주파수로 발신된다.

ELT는 이동식과 고정식이 있으며, 이동식 ELT의 종류는 RESCU 406S, RESCU 406SE, RESCU 406SG, ADT 406 등으로 항공사 및 기종별로 다양하다.

1) RESCU 406S 사용법

❶ 비상착수 시

① ELT의 Lanyard를 풀어 Slide Raft에 묶는다.

② ELT를 물로 던진다.

· ELT를 물로 던지면 자동으로 물 위로 떠오른다. 동시에 안테나를 감싸고 있는 Water Soluble Tape이 물에 녹으면서 안테나가 위로 세워져 자동으로 전파를 발신한다.

❷ 비상착륙 시

① Water Soluble Tape을 손으로 직접 떼어내 안테나를 세운다.

② Lanyard를 풀어 Lanyard의 안쪽에 보관된 플라스틱 봉지를 꺼낸다.

③ 꺼낸 플라스틱 봉지 안에 수분(물이나 Juice, 소변 등)을 담고 ELT를 세워 넣는다. 이때 수분은 ELT 중간의 구멍이 잠길 정도로 충분히 담아야 한다.

2) RESCU 406S 주의 사항

① 전파 발신 시간은 **약 24~50시간 지속된다.**[*]

② 순수한 물보다 염분이 있는 물에서, 더운 물보다 차가운 물에서 사용하면 발신 시간이 더 연장된다.

③ 플라스틱 봉지 안에 동봉된 소금을 사용하면 사용 시간을 연장할 수 있다.

3) 점검 요령

· 정위치

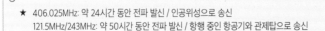

★ 406.025MHz: 약 24시간 동안 전파 발신 / 인공위성으로 송신
　121.5MHz/243MHz: 약 50시간 동안 전파 발신 / 항행 중인 항공기와 관제탑으로 송신

4) 고정식 ELT

고정식 ELT는 모든 항공기 후방 객실 천장 내부에 설치되어 있으며, 비행 전 객실승무원이 별도로 점검하지 않는다. 고정식 ELT는 항공기 충격으로 인해 순간적인 큰 속도 변화가 있을 때 자동으로 비상 주파수로 전파가 발신된다. 조종실에서 운항승무원이 수동으로 작동시킬 수도 있다.

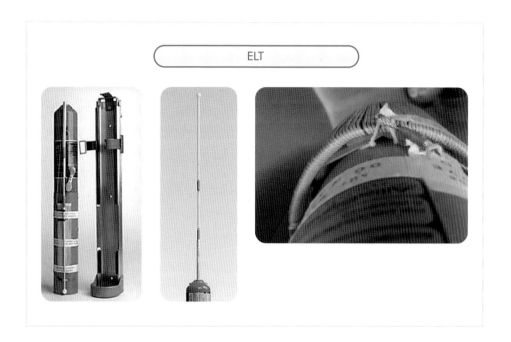

ELT

4 구명복

구명복(Life Vest)은 비상착수 시 착용자가 물 위에 떠 있기 위해 착용하는 장비이다. 승객용 구명복은 노란색으로 모든 승객 좌석에 보관되어 있고, 승객 좌석에 보관된 구명복은 지상에서 객실승무원이 점검하지 않는다. 단, 유아용 및 Spare 구명복은 '정위치, 장비수량 및 상태(탑승객이 장착 좌석 숫자를 초과한 경우)'를 점검한다.

승무원용 구명복은 모든 Jumpseat에 보관된 공통 장비 중 하나로 붉은색이다. 점검요령은 '정위치, 장비 수량 및 상태'이다.

　　구명복은 공기방이 하나인 One Chamber Life Vest와 공기방이 두 개인 Two Chamber Life Vest가 있다.

　　One Chamber Life Vest에는 압축 공기 카트리지, 조절 손잡이, 팽창 손잡이, 붉은 고무관 등이 각 1개씩 있고, Two Chamber Life Vest에는 2개씩 장착되어 있다.

1) 사용법

(1) One Chamber Life Vest

❶ 압축 공기 카트리지를 바깥쪽으로 하여 머리를 가운데 구멍에 넣는다.

❷ 허리 조절끈를 허리에 둘러서 버클을 끼운 뒤 조절 손잡이를 잡아당겨 몸에 맞도록 조인다.

❸ 구명복을 부풀리기 위해서는 팽창 손잡이를 당긴다.

(2) Two Chamber Life Vest

❶ 두 개의 끈을 마주 본 상태로 머리를 가운데 구멍에 넣는다.

❷ 두 개의 끈 사이로 양팔을 넣은 후, 두 끈을 양손으로 잡고 아래로 당겨 등 부분을 편다.

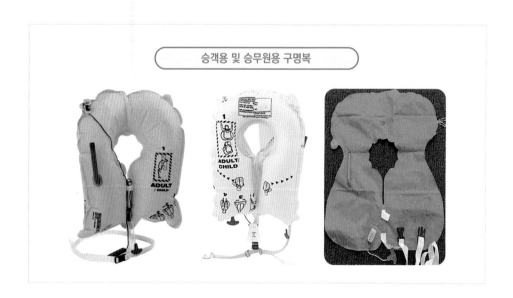

승객용 및 승무원용 구명복

③ 조절 손잡이를 양쪽으로 잡아당겨 몸에 맞도록 조인다.

④ 구명복을 부풀리기 위해서는 팽창 손잡이를 당긴다.

2) 주의 사항

① 충분히 부풀지 않으면 붉은 고무관을 입으로 분다.

② 구명복은 좌석에서 미리 부풀리지 않고 탈출 직전 탈출구 앞에서 부풀린다.

③ 공기를 빼내기 위해서는 붉은 고무관의 끝을 살짝 누른다.

3) 구명복 Locator Light

구명복 Locator Light는 구명복 상단에 부착된 소형 Light로 구조 신호를 보내기 위해 사용한다.

📍 구명복 Locator Light 작동법

구명복 하단의 배터리에 연결된 'Pull to Light' 탭을 당긴다. 'Pull to Light' 탭을 당기면 두개의 배터리 홀(Hole)이 나타나고, 이 배터리 홀에 물이 들어가 구명복 Locator Light가 점등한다. 사용 시간은 약 8-10시간이다.

구명복 Locator Light, Pull to Light Tab

4) 유아용 구명복

객실 내 별도의 공간(객실 후방 Overhead Bin 또는 Doghouse 등)에 유아용 구명복(Infant life Vest)이 추가로 보관되어 있다. 유아용 구명복은 원피스 형태로 생겼으며, 양팔을 상단의 각 구멍에 넣고 등 쪽의 버클을 끼워 고정한다.

5 Survival Kit

Survival Kit은 항공기로부터 비상 탈출 후 구조 신호를 보내거나 구조될 때까지 생존을 위해 사용하는 장비들을 의미한다. 일반적으로 Slide Raft 또는 Life Raft에 연결되어 있으며, 물 위에 뜨도록 제작되어 있다.

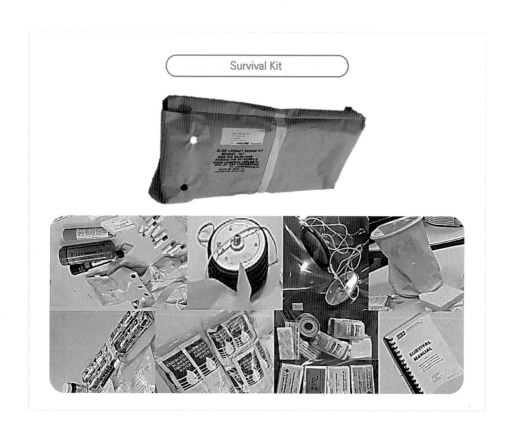

Survival Kit

❶ Canopy

Slide Raft 또는 Life Raft 위를 덮어 햇빛이나 비, 바람으로부터 탑승자를 보호하기 위한 천막 형태의 장비이다. Canopy 표면의 빗물을 모아 식수로 사용하거나 Canopy의 선명한 색으로 구조 신호를 보낼 수 있다.

❷ Smoke Flare Kit

연기와 불꽃으로 구조 신호를 보내는 장비이다. 사용 시간이 길지 않으므로 항공기나 선박이 주변에 보일 때 사용해야 한다.

❸ Sea Dye Marker

Slide Raft 또는 Life Raft 주변 바닷물의 색을 바꾸어 구조 신호를 보내기 위해 사용하는 바닷물 염색제이다. 약 300m의 바닷물을 45분간 염색할 수 있으며, 포장형과 분말형이 있다. 포장형은 Raft에 연결하여 그대로 바닷물로 던지고, 분말형은 뚜껑을 열어 내부의 분말을 직접 뿌려준다.

❹ Flash Light

Flash Light의 조명으로 구조 신호를 보내기 위해 사용한다. On/Off 스위치가 있어 스위치로 조명을 켜거나 끌 수 있다.

❺ Signal Mirror

햇빛을 반사시켜 구조 신호를 보내는 장비이다. 반사된 햇빛은 약 32km까지 도달된다.

❻ Whistle

소리로 구조 신호를 보내기 위해 사용한다.

❼ Hand Pump

Slide Raft 또는 Life Raft에 공기가 빠진 경우 공기를 채워주기 위해 사용한다. Raft 표면에서 공기 주입구를 찾아 Hand Pump를 연결해 공기를 주입한다.

❽ Repair Clamp

Slide Raft 또는 Life Raft에 구멍이 났을 때 구멍을 수리하기 위해 사용하는 장비이다. Repair Clamp의 두 쪽 중 한쪽을 구멍 안으로 집어넣은 후 나머지 한쪽을 구멍 위에 대고 나사를 조여 밀착시킨다.

❾ Bailing Bucket

Slide Raft나 Life Raft 안으로 들어온 물을 퍼내기 위해 사용한다.

❿ Sponge

Slide Raft나 Life Raft 안으로 들어온 물을 닦아내기 위해 사용한다.

⓫ Utility Knife

다용도 칼이다.

⓬ Water Purification Tablet

흙탕물 등을 식수로 만드는 정수제로 알약 형태로 되어 있다. 염분 제거제는 아니므로 바닷물을 정수할 수는 없다.

⓭ Candy

열량을 공급해 주며 환자용으로 우선 사용한다.

⓮ Packaged Drinking Water

용기에 담긴 식수를 의미하며 환자용으로 우선 사용한다.

⓯ 응급처치 약품

붕대, 반창고, 소독솜, 멀미약, 암모니아 흡입제 등으로 응급처치를 위해 사용한다.

⓰ Survival Manual

식용 물고기나 식물, 집 짓는 방법, 불 피우는 방법 등 생존 방법이 설명된 책자이다.

③ 화재장비

1 Circuit Breaker

Galley 내 전자기기들의 전원을 차단하기 위한 장비로, 검은색 버튼 모양으로 생겼다. Galley 내 전자기기의 전기 과부하 시 해당 전자기기와 연결된 Circuit Breaker가 자동으로 튀어나오며, 필요시 객실승무원이 Circuit Breaker를 잡아당겨 전원을 차단할 수 있다. Circuit Breaker를 다시 밀어 넣으면 전원을 재연결할 수 있지만 운항승무원의 허락을 득한 후 1회에 한하여 가능하다.

● Emergency Power Off Switch

Emergency Power Off Switch는 Galley 내 모든 전자기기의 전원을 한꺼번에 차단하는 장치이다. Toggle Switch 형태로 되어 있으며 오작동 방지를 위해 붉은색 덮개로 덮여 있다. 사용을 위해서는 덮개를 들어올린 후 Toggle Switch를 Off 방향으로 바꾼다.

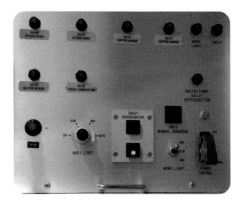

Circuit Breaker, Emergency Power Off Switch

2 Smoke Detector

모든 화장실 천장에는 연기를 감지하여 경보음을 울려주는 Smoke Detector가 설치되어 있다. 내장형(Airbus)과 외장형(Boeing)이 있으며, 외장형은 구형과 신형으로 나뉜다. 장비 점검 시 내장형은 점검하지 않으며 외장형은 '위치와 이물질 유무'를 확인한다.

1) 외장형-구형

① Power Indicator: 전원이 정상적으로 공급되면 Green Light가 점등한다.
② Alarm Indicator Light: 연기가 감지되면 Red Light가 점등한다.
③ Interrupt Switch: 경보음을 정지하기 위해 뾰족한 것으로 누른다.
④ Self Test Switch: 연기 감지 시 정상 작동하는지 테스트하기 위해 뾰족한 것으로 누른다.

2) 외장형-신형

① 상태 표시 Light: 평상시에는 Green Light, 연기 감지 시에는 Red Light가 점등한다.
② Horn Cancel Switch: 경보음을 정지하기 위해 뾰족한 것으로 누른다.
③ Self Test Switch: 연기 감지 시 정상 작동하는지 테스트하기 위해 뾰족한 것으로 누른다.

외장형 Smoke Detector - 구형(좌), 신형(우)

3 열 감지형 소화기

모든 화장실 쓰레기통 상단에는 쓰레기통 내부에서 화재가 발생하여 열이 감지되면 자동으로 작동하는 열 감지형 소화기(Heat Activated Halon Extinguisher)가 장착되어 있다. 쓰레기통 내부의 온도가 80도 이상 올라가면 열 감지형 소화기 내부의 Halon 소화액이 자동으로 분사되어 화재를 진압한다.

열 감지형 소화기

4 PBE

PBE(Protective Breathing Equipment)는 화재를 진압하는 객실승무원의 안면과 호흡을 보호하고 시야를 확보하기 위해 사용한다. 종류는 Essex PBE, Puritan PBE, Scott PBE(일부 B737 기종)가 있다.

Puritan PBE는 컨테이너 내에서 화학 반응을 일으켜 산소를 만들며, Essex PBE 및 Scott PBE는 화학 반응 없이 산소 발생기 내에 보관된 산소를 공급한다.

1) Essex PBE 사용법

· PBE를 꺼내 펼친다.
· 산소 발생기를 양쪽으로 잡아당겨 흰색 줄을 분리한다. 흰색 줄이 분리되면 산소 발생기가 산소 공급을 시작한다.

Essex PBE, Puritan PBE, Scott PBE(일부 B737 기종)

- PBE를 머리에 착용하고, Neck Seal과 목 사이에 머리카락이나 옷 등이 끼지 않았는지 확인한다.
- 산소 발생기가 정상 작동하는지 확인한다. 정상 작동 시 "쉿~" 소리가 나고, PBE가 부풀어 오르며, EOSI(End of Service Indicator)의 Green Light가 점멸한다.
- EOSI에 Red Light가 점멸하면 새로운 PBE로 교체해야 한다.

2) Puritan PBE 사용법

- PBE를 꺼내 펼친다.
- PBE를 머리에 착용한다.
- 양손으로 PBE 양쪽의 조절 Strap을 잡고 앞으로 잡아당겨 Starter Candle을 작동시킨다. Starter Candle이 작동하면 산소 공급이 시작된다.
- 양쪽의 조절 Strap을 다시 뒤쪽으로 잡아당겨 Nasal Mask Cone을 코 위에서 단단히 밀착시킨다.
- Neck Seal과 목 사이에 머리카락이나 옷 등이 끼지 않았는지 확인한다.

3) Scott PBE 사용법

- PBE를 꺼내 펼친다.
- 산소 발생기 측면의 'PULL TO ACTUATE'라고 적힌 Ring을 당겨서 산소가 공급되도록 한다.

- PBE를 머리에 착용한다.
- Neck Seal과 목 사이에 머리카락이나 옷 등이 끼지 않았는지 확인한다.

4) 주의 사항

- 사용 시간은 약 15분이다.
- 사용 중 PBE 내부의 온도가 상승하면 즉시 벗어야 한다.
- PBE를 벗을 때는 내부에 산소가 남아 있을 수 있으므로 화재로부터 멀리하여 벗는다.

5) 점검 요령

- Essex PBE: 정위치
- Puritan PBE: 정위치, ID Tag의 진공 상태
- Scott PBE: 정위치

5 H_2O 소화기

H_2O 소화기는 열을 제거해 화재를 진압하는 원리의 소화기이다. 종이나 의류 등 고형물질에서 발생한 화재인 A Class 화재를 진압하기 위한 장비이다. 유류 화재인 B Class의 화재 진압 시 불길 확산의 위험, 전기 화재인 C Class의 화재 진압 시에는 감전, 쇼크, 사망의 위험이 있으므로 B/C Class 화재에는 H_2O 소화기를 사용하면 안 된다.

1) 사용법

① 손잡이를 시계 방향으로 쉬~ 하는 소리가 날 때까지 완전히 돌린다. 손잡이를 완전히 돌리면 손잡이 내부에 들어있는 CO_2 카트리지에 구멍이 나면서 쉬~ 하는 소리가 나고, 소화기 내부는 소화액을 분사시킬 수 있는 상태가 된다.
② 노즐을 화재의 근원을 향해 조준한다.
③ 레버를 아래로 누른다.

H₂O 소화기

2) 주의 사항

① 사용 시간은 약 40초이다.
② 소화액에는 부동액 성분이 첨가되어 있으므로 마시면 안 된다.

3) 점검 요령

· 정위치
· Seal 상태

6 Halon 소화기

A, B, C Class 화재 진압을 위해 사용한다.

Halon 소화기는 산소를 제거해 화재를 진압하는 원리의 소화기로 Halon 소화기로 화재를 진압한 후에는 재발화 방지를 위해 H₂O 소화기 또는 물을 사용하여 잔열을 제거해야 한다.

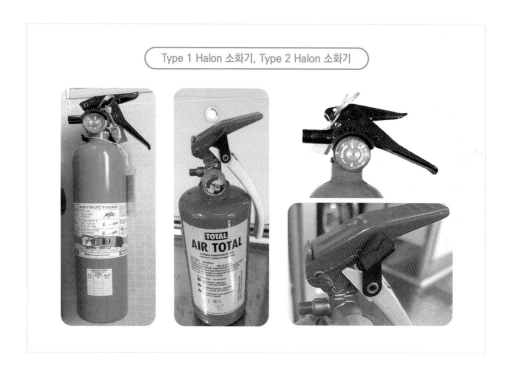

Type 1 Halon 소화기, Type 2 Halon 소화기

1) 사용법

① Type 1 Halon 소화기는 Plastic Seal과 Safety Pin을 제거한다. Type 2 Halon 소화기는 검은색 안전장치를 아래로 눌러 Wire Seal을 제거한다.
② 노즐을 화재의 근원을 향해 조준한다.
③ 손잡이와 레버를 한 손에 움켜쥔다. 이때 소화기를 좌우로 빠르게 움직이며 분사한다.

2) 주의 사항

① 사용 시간은 약 10~20초이다.
② 안면 부위를 제외한 신체에 사용할 수 있다.

3) 점검 요령

- 정위치
- Seal 상태
- 압력 게이지 상태 Green Band

> **📍 Halon 대체 소화기(HAFEX: Halon Alternative Fire Extinguisher)**
>
> Halon 성분의 오존 파괴 및 환경 오염 문제가 야기되면서 새로 도입되는 항공기에는 Halon 소화기를 대채한 'Halon 대체 소화기(HAFEX: Halon Alternative Fire Extinguisher)'가 탑재된다. 화재 진압 방법과 진압 원리는 기존 Halon 소화기와 동일하다.

7 화재 진압 장갑

화재를 진압하는 객실승무원의 손을 보호하기 위해 착용한다. 석면 소재의 벙어리 장갑(Asbestos Gloves)과 합성 섬유 소재의 손가락 장갑(Kevlar Gloves)이 있다.

벙어리 장갑(좌), 손가락 장갑(우)

8 손도끼

손도끼(Crash Axe)는 객실 내 벽면이나 천장과 같은 구조물 내부에서 화재가 발생한 경우 구조물 제거를 위해서 사용한다. 일반적으로 조종실 내에 보관되어 있으며 사용 전 제거할 구조물의 위치나 범위 등을 운항승무원과 협의해야 한다.

손도끼

Chapter
05

항공보안

 항공보안

ICAO(국제민간항공기구)에서 항공보안(Aviation Security)이란, '불법방해행위로부터 **민간 항공**
*을 보호하는 것'으로 정의(ICAO Annex 17 Definition: Safeguarding civil aviation against acts of unlaw-
ful interference)하고 있다. 우리나라에서는 항공보안법에서 국내 항공보안의 기준과 의무
사항 등에 대하여 규정하고 있다.

항공보안법 상하위법
항공보안법
항공보안법 시행령
항공보안법 시행규칙
항공 운송 사업자의 항공기내보안요원 등 운영지침

🗓 항공기내보안요원

'항공기내보안요원'이란 항공기 내의 불법방해행위를 방지하는 직무를 담당하는 사법
경찰관리 또는 그 직무를 위하여 항공 운송 사업자가 지명하는 사람을 말하며(항공보안법
제2조제7호), 항공 운송 사업자는 승객이 탑승한 항공기에 항공기내보안요원을 탑승시켜야
한다.(항공보안법 제14조제2항) 항공기내보안요원은 2년 이상의 선임객실승무원 또는 객실승
무원 경력을 갖춘 자로서 정신적으로 안정되고 성숙된 자이어야 하며, 연령 및 성별을 고
려하여 항공 운송 사업자가 선발한다.(항공 운송 사업자의 항공기내보안요원 등 운영지침 제5조)

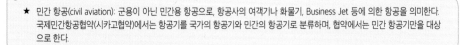

★ 민간 항공(civil aviation): 군용이 아닌 민간용 항공으로, 항공사의 여객기나 화물기, Business Jet 등에 의한 항공을 의미한다.
국제민간항공협약(시카고협약)에서는 항공기를 국가의 항공기와 민간의 항공기로 분류하며, 협약에서는 민간 항공기만을 대상
으로 한다.

② 비행 단계별 항공보안 업무

1 승객 탑승 전

1) 보안 브리핑

객실 브리핑 및 합동 브리핑 시 승무원들 간 비행하는 노선의 항공보안 관련 주요 사항들과 항공보안등급 등을 확인하고 공유하는 보안 브리핑을 실시한다.

(1) 항공보안등급

항공보안등급은 항공 테러 예방 및 대응 절차 구축을 위하여 국가의 항공보안 위협 정도에 따라 국가에서 발령하는 자국의 항공보안과 관련된 등급을 의미한다. 우리나라는 현재 국토교통부에서 총 5단계로 구분하여 발령하고 있으며 미국, 영국, 일본 등 대부분의 국가에서도 3~5단계로 구분하여 항공보안등급을 발령한다.

우리나라의 항공보안등급 5단계는 '평시/Green, 관심/Blue, 주의/Yellow, 경계/Orange, 심각/Red'이며, 국가의 항공보안등급에 따라 공항과 항공사에서는 각 등급에 해당하는 차등적 항공보안 조치를 취하게 된다.

> **📍 항공보안등급 5단계**
>
> - 평시/Green: 불법 행위 위협이 낮은 단계이다.
> - 관심/Blue: 테러로 발전할 가능성이 낮은 단계이다.
> - 주의/Yellow: 테러로 발전할 경향성이 나타나는 단계이다. 공항·항공기 등에 대한 위협 정보가 있거나 국빈 방문과 같은 국가 행사 시 발령한다.
> - 경계/Orange: 테러 유사 활동이 매우 활발하고 테러로 발전할 가능성이 농후한 단계이다. 실제 폭파 위협이 있는 경우 발령한다.
> - 심각/Red: 테러 유사 활동이 매우 활발하고 테러 발생이 확실시 되는 단계이다. 항공기 납치 및 테러, 전쟁 등의 상황에 발령한다.

객실승무원은 아래의 항공보안 업무를 기본으로 수행하되, 항공보안등급이 상향될수록 남승무원 탑승 및 조종실 근처 화장실 사용 금지 등의 강화된 항공보안 업무를 추가하여 수행한다.

📍 **객실승무원의 항공보안 기본 업무**

① 보안 브리핑
② 기내 보안장비 점검
③ 기내 보안 점검
④ 기내식 Sealing 상태 확인
⑤ 항공기 및 조종실 출입 통제
⑥ 화장실 내부 보관 공간 주기적 점검
⑦ 기내 의심스러운 물건 및 승객 상시 감시/대처
⑧ 승객 하기 후 유실물 및 잔류 승객 확인

2) 보안장비 점검

객실승무원은 항공기에 탑승하여 각자의 짐을 보관하고, 비상장비와 보안장비를 점검한다. 비상/보안장비 점검은 객실사무장의 PA에 맞추어 모든 객실승무원이 동시에 실시한다. 기내에 탑재 및 설치되는 보안장비로는 Taser(전자 충격기), 포승줄, 타이랩, Restraint Cable, Key Hand Cuffs, 방폭 Mat, 방폭 Jacket, 비상벨 등이 있다.

(1) 제압 및 구금 보안장비

❶ **Taser**(전자 충격기)

Taser는 신체에 전기적 충격을 주어 근육 신경을 일시적으로 무력화(근육 수축)시키는 장비이다. Taser의 카트리지 내에는 두 개의 탐침이 들어 있고, 두 개의 탐침이 신체에 모두 명중해야 전기적 충격을 줄 수 있다. 따라서 사격 시 탐침이 주변 승객이나 기내 구조물

Taser

에 오발되지 않도록 주의해야 한다.[★]

기내에서 Taser는 항공보안을 위협하는 불법방해행위 승객을 효과적으로 제압하기 위해 사용한다. 국내선 및 대부분의 국제선 노선에 탑재되고 있으며(일부 불허 국가 존재) Taser 교육을 이수한 객실승무원이 항공기 내에서만 사용할 수 있다.

카트리지가 분리된 상태로 기내에 상시 보관되어 있기 때문에 사용 시에는 보관함에서 꺼내어 카트리지를 연결한 후 사용한다.

사용법

- 적정 사거리인 2~3m 거리에서 레버를 위로 올려 레이저 빔을 승객의 가슴 또는 등 중앙에 겨냥한다. 2~3m 거리에서 사격하면 두 탐침이 30~40cm 정도의 간격으로 벌어져 신체에 명중되므로 효과적으로 신체에 충격을 가할 수 있다.
- 승객에게 경고한다.

> "난동 행위를 멈추지 않으면 전자 충격기를 사용하겠습니다. 자리에서 엎드리고 손을 뒤로 하십시오."
> "If you don't stop, I will shoot you. Knees down, Hands back."

- 경고에도 멈추지 않으면 "Taser! Taser!"라고 말한 후 방아쇠를 당긴다.
- (Stun Gun 사용법) 필요시 Taser 앞쪽의 카트리지를 제거한 후 승객의 신체에 Taser를 직접 대고 전기 충격을 가할 수 있다.

❷ 포승줄

승객의 신체를 포박해야 할 경우 사용하는 기다란 줄이다.

★ 카트리지를 장착하지 않은 상태에서 방아쇠를 당기면 Taser에 순간 최대 5만 볼트의 전압이 흐르고, 카트리지에서 탐침이 발사되어 사람에게 명중했을 때는 최대 1,200볼트, 평균 400볼트의 전압이 흐른다.

❸ 타이랩

승객의 손목이나 발목을 포박하기 위한 장비이다. 사용을 위해서는 두 개의 타이랩을 8자 모양으로 만들어 손목이나 발목에 끼운 후 조인다.

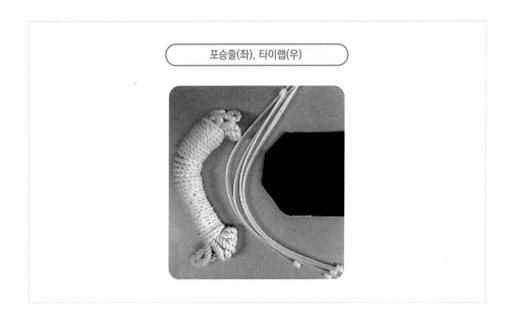

포승줄(좌), 타이랩(우)

❹ Restraint Cable

기내 불법방해행위 승객의 신체를 포박하기 위한 장비로 포승줄보다 사용이 쉽고 강력하다. 사용을 위해서는 보관 파우치에서 Restraint Cable을 꺼내 동그랗게 펼친 후 승객의 머리 위로 씌워 팔꿈치 살짝 위에서 손잡이를 잡아당긴다. 승객의 뒤에서 포박하여 승객의 반격을 방지하도록 한다.

❺ Key Hand Cuffs

기내 불법방해행위 승객의 손목이나 발목을 포박하는 장비로 타이랩보다 두껍고 튼튼하다. Restraint Cable과 Key Hand Cuffs는 Key를 사용해 조임을 풀 수 있으며, Key를 분실한 경우에는 Emergency Cutter로 자를 수 있다.

Restraint Cable, Key Hand Cuffs, Key, Emergency Cutter는 모두 한 파우치에 보관되어 있다.

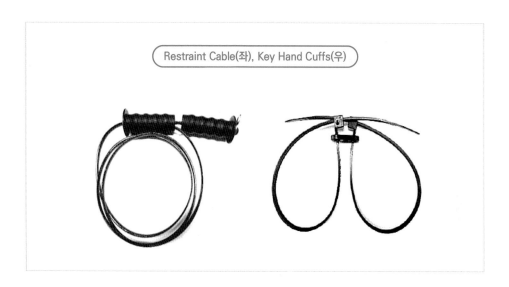

Restraint Cable(좌), Key Hand Cuffs(우)

(2) 폭발물 피해 최소화 보안장비

항공기 내 폭발물로 의심되는 물건이 발견된 경우 해당 물건의 처리를 위해 방폭 Mat 와 방폭 Jacket을 사용한다.

❶ 방폭 Mat

기내에서 발견된 폭발물을 덮어 폭발물의 폭발로 인한 피해를 최소화하기 위해 사용 한다.

방폭 Mat(좌), 방폭 Jacket(우)

❷ 방폭 Jacket

폭발물을 처리하는 사람의 신체를 보호하기 위해 착용한다.

(3) 공중납치 대비 보안장비

❶ 비상벨

객실에서 공중납치 발생 시 운항승무원에게 알리기 위해 사용하는 장치이다.

항공기 내 모든 Galley와 일부 Jumpseat에 설치되어 있으며, 비상벨을 누르면 조종실 내에 신호가 전달되어 운항승무원이 공중납치 사실을 알아차릴 수 있다.

 항공기 내 보안장비

제압 및 구급 장비	폭발물 피해 최소화 장비	공중납치 대비 장비
• Taser(전자 충격기) • 포승줄 • 타이랩 • Restraint Cable • Key Hand Cuffs	• 방폭 Mat • 방폭 Jacket	• 비상벨

3) 보안 점검

기내 보안 점검은 비상/보안장비 점검 직후 객실사무장의 PA에 맞추어 전 객실승무원이 동시에 실시한다. 보안 점검은 '항공기 보안 점검 체크리스트'에 의거하여 실시하며, Seat, Aisle, Jumpseat, Door 주변과 Crew rest area(Bunker), Lavatory, Galley 등의 모든 보관 공간 내 의심스러운 물건이 있는지 확인하는 절차이다.

의심스러운 물건이 발견되면 객실승무원은 즉시 객실사무장에게 보고하고, 객실사무장은 지상 직원과 운항승무원에게 보고하여 신속한 조치가 이루어질 수 있도록 한다.

◉ 운항기술기준 9.1.20.1

운항 증명 소지자는 운항 전 '보안 확인 점검표'를 이용하여 기내 보안 점검을 실시하여야 하며, 승무원들에게 기내 보안 점검에 대한 교육을 실시하고, 관련 사항에 관한 지침을 수립하여 제공하여야 한다.

◉ 항공보안법 제51조 제1항 제3호

항공기에 대한 보안 점검을 실시하지 아니한 항공 운송 사업자에게는 1천만 원 이하의 과태료를 부과한다.

4) 항공기 출입 통제

항공 운송 사업자는 항공기 보안을 위해 항공기에 대한 출입 통제를 해야 한다.(항공보안법시행규칙 제7조 제2항 제4호) 따라서 객실승무원은 항공기에 출입하는 모든 사람에 대하여 출입이 허가된 사람인지 확인해야 한다.

📍 항공기 출입이 가능한 사람

- ID Card를 소지하고 업무상 출입하는 객실승무원 및 운항승무원
- ID Card를 소지하고 업무상 출입하는 지상 직원 및 지상 조업원
- 감독관증을 소지하고 업무상 출입하는 항공안전감독관 및 항공보안감독관
- 해당편 탑승권 소지 승객

특히 승객의 탑승권은 보안검색대의 항공보안 검색요원을 비롯하여 탑승구 앞에서 지상 직원과 항공기 출입구 앞에서 객실승무원이 여러 번 확인하고 있음에도 불구하고 항공기 오탑승 사례가 지속적으로 발생하고 있다. 객실승무원의 탑승권 확인 업무는 승객의 단순 오탑승 방지를 넘어 밀입국자의 입국과 항공기 테러를 방지하는 중요한 항공보안 업무이므로 각별한 주의가 요구된다. 객실승무원은 출입구에서 객실승무원의 요구에 탑승권이나 감독관증 등을 제시하지 못하는 사람에게는 항공기 출입을 막고 탑승을 거절할 수 있다.

◯ 항공보안법 시행규칙 제13조(탑승 거절 대상자)

① 항공 운송 사업자는 다음 각 호의 어느 하나에 해당하는 사람에 대하여 탑승을 거절할 수 있다.

1. 항공 운송 사업자의 승객의 안전 및 항공기의 보안을 위하여 필요한 조치를 거부한 사람

2. 술을 마시거나 약물을 복용하고 승객 및 승무원 등에게 위해를 가할 우려가 있는 사람

3. 항공기 내에서 다른 사람을 폭행하거나 항공기의 보안이나 운항을 저해하는 폭행, 협박, 위계 행위 또는 출입구, 탈출구, 기기의 조작 행위를 한 사람

4. 기장 등의 정당한 직무상 지시를 따르지 아니한 사람

5) 조종실 출입 통제

조종실 출입문은 조종실 출입이 공식적으로 허용된 자의 출입 시를 제외하고는 승객 탑승 전부터 승객이 모두 하기한 후까지 항상 잠금 상태를 유지하여야 한다.(운항기술기준 9.1.20.1) 즉, 출입이 허가된 사람을 제외하고는 누구도 조종실에 출입할 수 없다. 따라서 객실승무원은 비인가자의 조종실 출입을 막기 위해 항상 조종실 출입구 주변을 주의 깊게 감시하고 통제해야 한다. 조종실 출입이 인가된 사람이라도 상호 지정된 절차에 따라 조종실에 출입할 수 있으며, 조종실 출입 모습이 승객에게 노출되지 않도록 주의해야 한다. 객실승무원의 조종실 출입 통제 업무는 승객 탑승 전부터 하기 후까지 모든 시점에 적용된다.

📍 조종실 출입이 가능한 사람

- 해당편 비행 근무를 위해 탑승한 운항승무원 및 객실승무원
- 항공기 지상 주기 시 해당편 운항 관련 지상 직원
- '감독관증'과 '조종실 출입 인가 서류'를 소지한 항공안전감독관 및 항공보안감독관

◯ 항공보안법 제14조제3항

항공 운송 사업자는 국토교통부령으로 정하는 바에 따라 조종실 출입문의 보안을 강화하고 운항 중에는 허가받지 아니한 사람의 조종실 출입을 통제하는 등 항공기에 대한 보안 조치를 하여야 한다.

● 운항기술기준 9.1.20.1

라. 운항 증명 소지자는 조종실의 안전을 위하여 조종실 출입 통제 대책을 수립해야 한다.

2 승객 탑승 후

승객이 항공기에 탑승하고 있는 모든 시점에 공중납치(Hijacking), 폭발물 발견, 기내 불법방해행위 등의 상황이 발생할 수 있다. 이때 객실승무원은 승객과 승무원의 안전을 최우선으로 두고 각 상황에 대처해야 한다.

1) 공중납치(Hijacking)

공중납치(Hijacking)는 항공기 내의 승객들을 인질로 삼거나 조종사를 위협하여 자신들의 목적을 이루고자 항공기를 불법 납치하는 행위를 의미한다.

대표적인 공중납치 사건으로는 2001년 9월 11일 이슬람 테러 단체인 알카에다가 미국에 대한 분노로 일으킨 9.11 테러가 있다. 당시 테러의 범인들은 미국의 민간 항공기 4대를 납치했으며 탑승객 전원을 비롯해 약 3천 명이 사망하고 약 6천 명이 부상을 당했다. 9.11 테러를 계기로 전 세계 항공업계에 항공보안에 대한 심각성이 대두되며 항공보안을 강화하는 전환점이 되었다.

9.11 테러 항공기 충돌 개요

- AA011편: 뉴욕의 제1세계무역센터, 08:46 AM 충돌
- UA175편: 뉴욕의 제2세계무역센터, 09:03 AM 충돌
- AA77편: 워싱턴의 국방부 건물 펜타곤, 09:37 AM 충돌
- UA93편: 항공기 납치 사실을 알아차린 승객들의 저항에 의해 목표 지점(워싱턴의 백악관) 까지 이동하지 못하고 도중에(10:03 AM) 들판에 추락하였다.

(1) 공중납치 대응 절차

공중납치가 발생하면 객실승무원은 즉시 기장에게 알려야 한다. 가능하면 인터폰을 사용해 범인들의 수, 성별, 소지한 무기, 국적, 범행 내용 등을 상세하게 알려주어야 한다. 인터폰 사용이 불가하면 비상벨을 눌러 운항승무원에게 신호를 주어야 한다. 공중납치 사실을 보고받은 운항승무원은 납치범에 대한 정보를 지상에 전달하고 의도적으로 항공기를 요동칠 수 있다. 또한, 가장 가까운 공항에 비상착륙 하기 위해 고도를 낮춘다.

(2) 납치범 대응 기본 원칙

객실승무원들은 가능하다면 납치범을 설득하여 범행을 지연 및 단념시키도록 노력하여야 하며, 아래의 납치범 대응 기본 원칙에 따라 행동하도록 한다.
- 공범이 있다는 가정하에 행동한다.
- 납치범을 무시하거나 정신 이상자 취급하지 않는다.
- 승객의 가시권 내에 있어 객실의 분위기를 안정시키고, 승객들의 불필요한 영웅심을 예방한다.
- 납치범이 조종실 진입을 시도하면 필요한 모든 물리력을 사용하여 저지한다.

2) 폭발물

(1) 지상에서 폭발물 발견

지상에서 폭발물을 발견할 경우 즉시 운항승무원에게 보고(폭발물의 외형, 수량, 위치 등)하여 관계 기관에 신고될 수 있도록 한다. 객실승무원은 폭발물을 접촉하거나 해체를 시도해서는 안 되며 폭발물 주변 승객들을 대피시켜야 한다. 관계 기관의 하기 지시가 내려지면 모든 승객과 승무원은 신속하게 항공기에서 하기한다.

(2) 비행 중 폭발물 발견

비행 중 폭발물을 발견할 경우 지상에서와 마찬가지로 즉시 운항승무원에게 보고(폭발물의 외형, 수량, 위치 등)하며 폭발물에 대한 무단 접촉 및 해체를 금지하고 승객들을 신속히 대피시킨다.

비행 중에는 항공기로부터의 즉각적인 하기가 불가능하므로 지상의 관계 기관과 긴밀히 협의해야 한다. 폭발물 이동 지시를 받으면 폭발물 처리자는 방폭 Jacket을 착용하고 Safety Information Card와 같은 얇은 종이를 이용하여 폭발물 하단에 이동 방지 장치가 있는지 확인한다.

이동 방지 장치가 없으면 폭발물을 '폭발물 피해 최소 구역(LRBL: Least Risk Bomb Location)'으로 옮긴다. 폭발물 피해 최소 구역은 조종실과 엔진으로부터 가장 먼 곳인 '항공기 최후방 R Side Door'이다.

폭발물을 폭발물 피해 최소 구역으로 이동한 후에는 방폭 Mat로 폭발물을 덮어 폭발물의 폭발에 대비한다. 가능하면 폭발물의 위아래를 수하물, 담요, 옷 등으로 쌓은 후 넥타이, 헤드폰 줄 등으로 고정하여 폭발로 인한 충격에 대비한다.

3) 불법방해행위

'불법방해행위'란 항공기의 안전 운항을 저해할 우려가 있거나 운항을 불가능하게 하는 행위를 말한다.(항공보안법 제2조 제8호) 또한, 항공보안법에서는 항공기의 안전한 운항과 승객의 안전한 여행을 위해 '승객의 협조 의무'와 '불법방해행위' 및 '위반 시 처벌 조항' 등을 상세히 명시하고 있다.

(1) 승객의 협조 의무

항공기 내에 있는 승객은 다음 각 호의 어느 하나에 해당하는 행위를 하여서는 아니된다.(항공보안법 제23조 제1~3호)
- 폭언, 고성방가 등 소란 행위
- 흡연
- 술을 마시거나 약물을 복용하고 다른 사람에게 위해를 주는 행위
- 다른 사람에게 성적 수치심을 일으키는 행위
- 항공안전법 제73조를 위반하여 전자기기를 사용하는 행위
- 기장의 승낙 없이 조종실 출입을 기도하는 행위
- 기장 등의 업무를 위계 또는 위력으로써 방해하는 행위
- 항공기의 보안이나 운항을 저해하는 폭행·협박·위계 행위 또는 출입문·탈출구·기기의 조작 행위
- 착륙 후 항공기에서 내리지 아니하고 항공기를 점거하거나 농성하는 행위

(2) 불법방해행위(항공보안법 제2조제8호)

- 지상에 있거나 운항 중인 항공기를 납치하거나 납치를 시도하는 행위
- 항공기 또는 공항에서 사람을 인질로 삼는 행위
- 항공기 및 공항을 파괴하거나 손상시키는 행위
- 항공기 및 보호 구역에 무단 침입하거나 운영을 방해하는 행위
- 범죄의 목적으로 항공기 또는 보호 구역 내로 무기 등 위해 물품을 반입하는 행위
- 지상에 있거나 운항 중인 항공기의 안전을 위협하는 거짓 정보를 제공하는 행위 또는 공항 및 공항 시설 내에 있는 승객, 승무원, 지상 근무자의 안전을 위협하는 거짓 정보를 제공하는 행위
- 사람을 사상(死傷)에 이르게 하거나 재산 또는 환경에 심각한 손상을 입힐 목적으로 항공기를 이용하는 행위
- 그 밖에 이 법에 따라 처벌받는 행위

(3) 위반 시 처벌 조항

- 대중교통 수단, 공연·집회 장소, 그 밖에 공중(公衆)이 밀집하는 장소에서 사람을 추행한 사람: 3년 이하의 징역 또는 3천만 원 이하의 벌금(성폭력처벌법 제11조)
- 카메라나 이와 유사한 기능을 갖춘 기계 장치를 이용하여 성적 욕망 또는 수치심을 유발할 수 있는 사람의 신체를 촬영 대상자의 의사에 반하여 촬영한 사람: 7년 이하의 징역 또는 5천만 원 이하의 벌금(성폭력처벌법 제14조 제1항)
- 운항 중, 기내 폭언, 고성방가 등 소란 행위를 한 사람: 3년 이하의 징역 또는 3천만 원 이하의 벌금(항공보안법 제50조 제3항 제2호)
- 항공기의 보안이나 운항을 저해하는 행위를 금지하는 기장 등의 정당한 직무상 지시에 따르지 아니한 사람: 3년 이하의 징역 또는 3천만 원 이하의 벌금(항공보안법 제49조 제2항 제2호)
- 운항 중, 기내에서 흡연한 사람: 1천만 원 이하의 벌금(항공보안법 제50조 제7항 제1호)
- 운항 중 항공기 내에서 허가되지 않은 전자기기를 사용한 사람: 1천만 원 이하의 벌금(항공보안법 제50조 제7항 제2호)
- 항공기에서 내리지 아니하고 항공기를 점거하거나 항공기 내에서 농성한 사람: 3년 이하의 징역 또는 3천만 원 이하의 벌금(항공보안법 제47조)

- 항공기 내에서 다른 사람을 폭행한 사람: 5년 이하의 징역(항공보안법 제46조 제2항)
- 폭행·협박 또는 위계로써 기장 등의 정당한 직무집행을 방해하여 항공기와 승객의 안전을 해친 사람: 10년 이하의 징역(항공보안법 제43조)
- 운항 중인 항공기 내에서 술을 마시거나 약물을 복용하고 다른 사람에게 위해를 주는 행위를 한 사람: 3년 이하의 징역 또는 3천만 원 이하의 벌금(항공보안법 제50조 제3항 제3호)
- 운항 중인 항공기 내에서 출입문·탈출구·기기의 조작을 한 사람: 10년 이하의 징역(항공보안법 제46조 제1항)
- 기장의 승낙 없이 조종실 출입을 기도한 사람: 3년 이하의 징역 또는 3천만 원 이하의 벌금(항공보안법 제49조 제2항 제1호)
- 폭행, 협박 또는 그 밖의 방법으로 항공기를 강탈하거나 그 운항을 강제한 사람: 무기 또는 7년 이상의 징역(항공보안법 제40조 제1항)
- 위의 제40조제1항의 죄를 범하여 사람을 사상(死傷)에 이르게 한 사람: 사형 또는 무기징역(항공보안법 제40조 제2항)
- 운항 중인 항공기의 안전을 해칠 정도로 항공기를 파손한 사람: 사형, 무기징역 또는 5년 이상의 징역(항공보안법 제39조 제1항)
- 제39조 제1항의 죄를 범하여 사람을 사상(死傷)에 이르게 한 사람: 사형 또는 무기징역(항공보안법 제40조 제2항)

4) 불법방해행위의 구분

기내 불법방해행위는 항공보안 위협 수준의 심각도에 따라 아래와 같이 4단계로 구분하며(항공 운송 사업자의 항공기내보안요원 등 운영지침 제2조 제7호), 항공사는 각 단계에 따른 행위의 종류를 세분화하고 단계별 대응 절차를 마련하여 적용하고 있다.

🖐 기내 불법방해행위 4단계

- 1단계 - 수상한 행동이나 구두로 위협하는 행위
- 2단계 - 육체적으로 폭력적인 행위
- 3단계 - 목숨을 위협하는 행위
- 4단계 - 조종실에 침범하거나 침범을 시도하는 행위

(1) 1단계 불법방해행위

1단계 불법방해행위는 '수상한 행동이나 구두로 위협하는 행위'로 다음의 행위를 포함한다.

① 성적 수치심 유발 행위

② 폭언, 고성방가 등 소란 행위

③ 기장 등의 정당한 직무상 지시 불이행

④ 흡연 행위

⑤ 허가되지 않은 전자기기 사용 행위

⑥ 착륙 후 항공기 점거 및 농성 행위

1단계 불법방해행위 발생 시 대응 절차

승객에게 구두로 중단을 요구하거나 경고장을 제시한다. 구두 조치 또는 경고장을 제시하여 승객이 불법방해행위를 중단하면 상황을 종료한다. 구두 조치 또는 경고장 제시에도 불구하고 불법방해행위를 지속한다면 객실승무원은 현장을 녹화하고 목격자 진술서를 받아 증거로 제출해야 하며, 해당 승객을 도착지 공항 경찰에 인계해야 한다.

◉ 항공 운송 사업자의 항공기내보안요원 등 운영 지침 제8조 제1항

항공기 내에서 불법 행위가 발생하는 경우 항공기내보안요원 및 일반 객실승무원은 휴대전화 등을 활용하여 불법 행위를 녹화(불가피한 제약이 있는 경우는 제외)하여야 한다.

(2) 2단계 불법방해행위

2단계 불법방해행위는 '육체적으로 폭력적인 행위'를 하는 경우로 다음과 같은 종류의 행위를 포함한다.

① 폭행 행위

② 음주 후 위해 행위

③ 고의적으로 출입문, 탈출구, 기기 등을 조작하는 행위

2단계 불법방해행위 발생 시 대응 절차

객실승무원은 즉시 기내 보안장비를 사용하여 해당 승객을 제압하고 구금해야 한다. 제압 및 구금 시에는 승객에게 체포 시 고지 사항을 말하고, 현장을 녹화하여 추후 증거로 제출해야 한다. 또한, 주변 승객에게 '목격자 진술서'를 받아 목적지 공항의 경찰에게 승객과 함께 인계한다.

◆ 체포 시 고지 사항(형사소송법 제72조)

"귀하를 ___의 현행범으로 체포합니다. 귀하는 변호인을 선임할 수 있으며 변명할 권리가 있습니다. 하고 싶은 말이 있습니까?"

객실승무원은 기내에서 항공 안전 보안을 지키는 사법 경찰로서 불법방해행위 승객의 범죄 행위에 대처하기 위하여 불법방해행위를 녹화하고 필요한 물리적 조치를 취할 수 있다.

◆ 사법경찰직무법 제7조 제2항

항공기 안에서 발생하는 범죄에 관하여는 기장과 승무원이 사법 경찰관 및 사법 경찰리의 직무를 수행한다.

◆ 항공 운송 사업자의 항공기내보안요원 등 운영지침 제4조 제2항

객실승무원은 「사법경찰관리의 직무를 수행할 자와 그 직무범위에 관한 법률」 제7조 제2항에 따른 사법경찰리의 직무도 수행하여야 한다.

◆ 항공 운송 사업자의 항공기내보안요원 등 운영지침 제4조 제3항

객실승무원은 객실 내 불법 행위 및 항공 안전을 해치는 범죄 행위 등을 녹화할 수 있으며, 그 행위를 저지시키기 위한 필요한 조치를 할 수 있다.

(3) 3단계 불법방해행위

3단계는 '목숨을 위협하는 행위'로 대응 절차는 2단계와 동일하다.

(4) 4단계 불법방해행위

4단계 불법방해행위는 '조종실에 침범하거나 침범을 시도하는 행위'로 다음과 같은 종류의 행위를 포함한다.

① 항공기를 납치하거나 납치를 시도하는 행위
② 항공기 파손 행위
③ 사람을 인질로 잡는 행위

📍 4단계 불법방해행위 발생 시 대응 절차

2, 3단계의 대응 절차를 기본으로 하되 필요한 모든 물리력을 사용하여 조종실을 방어해야 한다.

◆ 1단계 대응 절차 요약

• 구두 조치 또는 경고장 제시 ➜ 행위 중단 시 ➜ 상황 종료
• 구두 조치 또는 경고장 제시 ➜ 행위 지속 시 ➜ 녹화 ➜ 목격자 진술서 확보 ➜ 경찰 인계

◆ 2~4단계 대응 절차 요약

• 제압 및 구금 ➜ 녹화 ➜ 체포 시 고지 사항 고지 ➜ 목격자 진술서 확보 ➜ 경찰 인계

③ 승객 하기 후

목적지 도착 후 항공기로부터 모든 승객이 하기하고 나면 객실승무원은 기내 보안 점검을 위해 유실물(Left Behind Item) 및 잔류 승객을 확인한다.

유실물 확인을 위해 담당 구역의 승객 좌석 주변, Overhead Bin, Coatroom 내부 공간을 비롯하여 Galley, 화장실, Crew Rest Area(Bunker) 등 기내 모든 공간에 승객의 물건이나 내리지 않은 승객이 있는지 육안으로 꼼꼼하게 확인한다.

유실물 및 잔류 승객 확인을 마치면 객실승무원도 각자의 짐을 꺼내 항공기에서 하기한다.

항공기 구조 및 항공안전실무

Chapter

06

CRM

1 항공기 사고

1 항공기 사고의 이해

'항공기 사고'란 사람이 비행을 목적으로 항공기에 탑승하였을 때부터 탑승한 모든 사람이 항공기에서 내릴 때까지 '항공기의 운항과 관련하여 발생한 사람의 사망, 중상 또는 행방불명', '항공기의 파손 또는 구조적 손상', '항공기의 위치를 확인할 수 없거나 항공기에 접근이 불가능한 경우' 등을 의미한다.(항공안전법 제2조 제7호)

'항공기 준사고'란 항공 안전에 중대한 위해를 끼쳐 항공기 사고로 이어질 수 있었던 것으로서 '비행 중 운항승무원이 비상용 산소 또는 산소마스크를 사용해야 하는 상황이 발생한 경우', '**운항 중**＊ 조종실이나 객실에서 화재, 연기가 발생한 경우', '항공기의 위치, 속도 및 거리가 다른 항공기와 충돌 위험이 있었던 경우', '비행 중 운항승무원이 신체, 심리, 정신 등의 영향으로 조종 업무를 수행할 수 없는 경우' 등을 의미한다.(항공안전법 제2조 제9호).

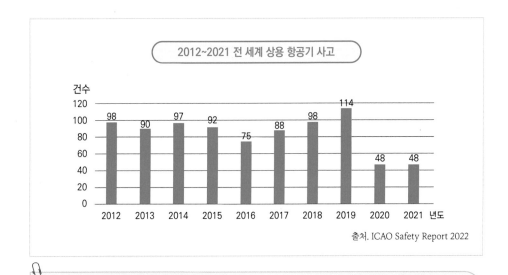

출처. ICAO Safety Report 2022

★ '운항 중'이란 승객 탑승 후 항공기의 모든 문이 닫힌 때부터 내리기 위하여 문을 열 때까지를 말한다.(항공보안법 제2조 제1호)

ICAO의 조사에 의하면 최근 2012년부터 2021년까지 전 세계 상용 항공기 사고는 매년 발생하고 있으며, 2016년부터 COVID-19 전까지는 지속적으로 증가하는 추세에 있었다.

우리나라의 경우 국토교통부 자료에 의하면 2012년부터 2021년까지 발생한 **국적 항공기**[1] 사고 중 **운송용 항공기**[2] 사고는 총 16건으로, 3명의 사망자와 224명의 부상자가 발생하였다. 이처럼 항공기 사고는 발생 빈도는 높지 않지만, 발생 시 막대한 인명과 재산의 피해를 가져온다.

 2012~2021 우리나라 운송용 항공기 사고로 인한 사망자 및 부상자 수

년도	2012	2013	2014	2015	2016	2017	2018	2019	2020	2021	합계
건수	2	3	–	1	1		2	3	2	2	16
사망자 수	–	3	–	–	–	–	–	–	–	–	3
부상자 수	4	189	–	20	–	–	–	3	6	2	224

* 국내외에서 발생한 국적 운송용 항공기 사고 기준(준사고 제외)
출처. 국토교통부 교통안전연차보고서 2022

최근 10년 동안의 우리나라 항공기 사고 발생 원인을 분석해보면 인적 요인에 의한 사고가 78건(67.2%), 장비 요인 5건(6.3%), 환경 요인 15건(12.9%), 기타 1건(0.9%), 조사 중 17건(14.7%)으로 인적 요인으로 인하여 가장 많은 항공기 사고가 발생하고 있음을 알 수 있다.

 2012~2021 우리나라 항공기 사고 원인 분석

	인적 요인	장비 요인	환경 요인	기타	조사 중	계
건수	78	5	15	1	17	116
비율	67.2%	6.3%	12.9%	0.9%	14.7%	100%

* 국내외에서 발생한 국적 항공기 사고 기준(준사고 제외). 운송용 항공기, 운송용 외 항공기, 경량·초경량 항공기 사고 포함
출처. 국토교통부 교통안전연차보고서 2022

★1 국적 항공기는 한 나라에 소속되어 있는 항공기를 뜻하며 우리나라의 경우, 대한항공, 진에어, 아시아나항공, 티웨이항공, 제주항공 등 국적 항공사에 속한 모든 항공기를 의미한다. 국책 항공사는 한 나라를 대표하는 항공사, 즉 국가를 대표하는 규모의 주력 항공사이고, 국영 항공사는 국가에서 운영하는 항공사를 뜻한다.
★2 운송용 항공기: 승객 및 화물을 운송하는 항공기

전 세계의 항공기 사고 원인에 대한 ICAO의 조사에서도 60~80%가 기술적 요인이 아닌 항공기의 운항에 직접적으로 관여하는 조종사, 관제사, 항공정비사 등 항공 종사자의 인적 요인(Human Factor)에 의한 사고임이 밝혀졌다.

2 인적 요인 및 SHELL 모델의 이해

인적 요인(Human Factor)은 항공업계뿐 아니라 다양한 산업 현장에서 작업 중 사고를 일으키는 주요 요인으로 인식되면서 인적 요인에 대한 다양한 연구와 교육이 진행되고 있다.

인적 요인(Human Factor)이란 인간이 상호 작용하는 요소(자원)들로 인하여 인간의 심리나 신체가 영향을 받아 나타나는 결과를 의미한다. 특히 인간의 정신적, 신체적 활동이 의도한 결과에 이르지 못하는 경우를 인적 오류(Human Error)라고 한다.

인간이 상호 작용하는 요소들과의 연관성을 잘 보여주는 이론으로 1975년 네덜란드 KLM 항공의 기장 출신인 프랭크 호킨스(Frank Hawkins)가 제시한 SHELL 모델 이론이 있으며, 해당 이론이 항공기 사고에서 밝혀진 원인을 뒷받침할 수 있는 이론적 근거로 사용되면서 인적 요소 이론의 모태가 되고 있다.

SHELL 모델에서 각 요소의 의미는 다음과 같다.

- L(Liveware): 인간, 자기 자신
- S(Software): 자신과 관련된 법, 규정, 절차, 각종 매뉴얼, 점검표 등

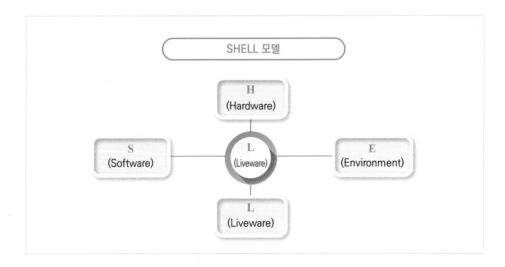

- H(Hardware): 각종 시설, 장비, 공구 등
- E(Environment): 날씨, 기온, 조명, 습도, 소음 등의 환경
- L(Liveware): 함께 작업을 수행하는 동료를 비롯하여 자신의 업무와 직간접적으로 관련되는 사람들

이러한 상호 작용 요소들과 상호 작용이 원활하지 않을 시 인간은 스트레스, 피로도, 리더십, 의사소통, 안전 규정 준수 의지/역량, 상황 판단 능력 등에 안 좋은 영향을 미칠 수 있다. 따라서 각각의 요소들은 업무 수행 과정에서 제 기능과 역할을 발휘할 수 있도록 항상 최적의 상태와 성능을 유지하여야 한다.

객실승무원의 업무와 관련하여 SHELL 모델을 다음과 같이 살펴보면, 객실승무원을 중심으로 주변의 모든 요소들이 기내 업무와 직접적인 관련이 있다는 것을 알 수 있다.

- L(Liveware): 객실승무원
- S(Software): 항공 법규, 비행 절차, 규정, 지침 등
- H(Hardware): 항공기, 탈출구, 각종 장비 및 설비 등
- E(Environment): 항공기 외부 환경과 내부 조명, 습도, 온도, 기압, 산소 농도, 소음 등
- L(Liveware): 동료 객실승무원, 운항승무원, 항공정비사, 승객 등

ICAO에서는 아무리 기량이 훌륭한 조종사라도 사고는 언제든지 일으킬 수 있으며 오히려 기량은 조금 부족하더라도 기장·부기장 간의 원활한 협력 관계를 유지하는 조종사가 안전 운항에 더 많은 기여를 하고 있다고 판단하고 있다. 이에 따라 세계 각국에서는 L(Liveware)와 L(Liveware)의 관계를 중요시하고 있다.

출처. Twayair Homepage

② CRM

항공업계에서는 인적 요인으로 인한 항공기 사고를 예방하고 안전한 항공 문화 정착을 위해 인적 요소 관리의 한 방안으로 CRM(Crew Resource Management, 승무원 자원 관리)이라는 개념을 도입하였다.

CRM이란 '승무원이 안전하고 효과적인 비행을 위해 인적 자원, 하드웨어 및 정보 등 사용 가능한 모든 자원을 효과적으로 사용하는 것'을 의미한다.(FAA AC No.120-51E: CRM refers to the effective use of all available resources: human resources, hardware, and information to achieve safe and efficient operation)

CRM이라는 개념은 활주로에서 두 대의 B747 항공기가 충돌하여 583명이 사망한 1977년 테네리페 공항 재해로부터 시작되었고, CRM Training은 미국의 유나이티드항공(United Airlines)이 1981년 조종실 승무원을 대상으로 최초로 시작하였다. CRM은 현재 6세대까지 발전하였으며 대부분의 민간과 군 항공에서 적용하고 있다.

ICAO에서는 인간의 수행 능력 훈련(Human Performance Training)을 항공사들이 의무적으로 실시하도록 권고하고 있으며, CRM의 구체적 실천 방법으로 'TEM(Threat and Error Management)'을 제안하고 있다.(ICAO Annex 6 Part 1 9.3.1)

TEM(Threat and Error Management)은 CRM의 발전 과정 중 6세대 CRM으로, 심각한 항공기 사고로 이어지기 전에 승무원에게 영향을 미칠 수 있는 위협 요소(Threat)를 미리 인식하고 대응하여, 위협 요소로 인한 승무원의 실수(Error, 원래의 의도에서 벗어난 행동)가 발생하지 않도록 관리하는 것을 의미한다. 위협 요소(Threat)의 예로는 항공기 결함, 기상 악화, 잘못된 정보, 승무원의 피로, 야간 운항, 시간 제약, 다른 인적 요인 등이 있고, 실수(Error)의 예로는 업무 절차 생략, 업무 규정 위반, 의사소통 오류, 기내 장비의 잘못된 사용, 업무 중 부상 등이 있다.

TEM 개념은 민간/군용 운항승무원을 비롯하여 객실승무원, 항공교통관제사, 항공기 정비사 등 항공기 안전 운항과 관련한 다양한 분야의 인적 요소 관리를 위해 적용 가능하다.

FAA(미연방항공청)에서는 효과적인 CRM을 위하여 아래와 같은 주요 **CRM 5 Skill***을 제안하고 있으며, 이를 기반으로 세계 항공사들은 자국의 항공사 특성에 맞추어 CRM Skill을 개발하여 훈련에 적용하고 있다.

- 상황 인식(Situation Awareness)
- 의사소통(Communication)
- 승무원 협동(Teamwork)
- 의사 결정(Decision Making)
- 업무 분담(Task Allocation)

우리나라 K 항공사의 경우 CRM 5 Skill을 '상황 인식(Situation Awareness)', '의사소통(Communication)', '승무원 협동(Crew Coordination)', '의사 결정(Decision Making)', '계획 및 업무 분담(Planning & Workload Management)' 5가지로 구분하여 운영하고 있다.

또한, CRM 훈련은 최초 객실승무원 자격 취득을 위한 초기 안전 훈련뿐 아니라 정기 안전 훈련 및 재임용 안전 훈련 등의 자격 유지를 위한 훈련에서도 지속적으로 이루어지는 필수 훈련 중 하나이다.

> ● 운항기술기준 8.3.4.4
>
> 항공 인적 요소 관리를 위해 초기 승무원자원관리(CRM) 과정을 이수하지 못한 자는 승무원의 임무를 수행할 수 없으며, 초기 승무원자원관리(CRM)의 훈련 과정은 아래의 내용을 포함하여야 한다.
>
> ① 의사 전달 체계 및 결정 행위   ⑪ 적절한 팀의 구성 및 그 유지 방법
> ② 의사소통에 영향을 미치는 요인   ⑫ 리더십 훈련
> ③ 의사소통의 장애물   ⑬ 대인 관계
> ④ 경청 방법   ⑭ 업무량 관리
> ⑤ 의사 결정 방법   ⑮ 상황 파악
> ⑥ 효과적인 결론 도출법   ⑯ 목표 달성을 위한 방안
> ⑦ 공개적인 의사 전달 개발   ⑰ 업무량 분배
> ⑧ 조사, 옹호, 주장 훈련   ⑱ 산만함 방지
> ⑨ 승무원의 자기반성   ⑲ 개인적 요인
> ⑩ 갈등 해소 방법   ⑳ 스트레스 감소 방안

★ FAA AC No. 120-51E: CRM training focuses on situation awareness, communication skills, teamwork, task allocation, and decision making within a comprehensive framework of standard operating procedures.

Chapter

07

비상사태
대응 절차

기내에서의 비상사태 또는 비상상황이란 항공기 내에서 감압 또는 화재가 발생한 경우, 비상착륙 또는 비상착수 해야 하는 경우, 항공기로부터 비상 탈출 해야 하는 경우, 응급 환자의 생명이 위급한 경우 등과 같이 승객이나 승무원에게 잠재적 위험을 유발하는 상황을 의미한다. 비상사태 대처 시 객실승무원들은 원활한 의사소통을 통하여 효과적으로 역할을 분담하고 협동해야 한다.

① 비상착륙

1 비상착륙 일반

비상착륙이란 항공기 엔진 고장과 같은 심각한 구조적 손상, 기내 감압 및 화재, 폭발물의 폭발, 공중납치 등으로 인하여 항공기가 긴급하게 착륙하는 것을 의미한다.

비상착륙 장소는 항공기가 착륙하기에 적합한 공항일 수도 있지만 상황에 따라 고속도로나 들판, 바다 위 등과 같이 다양한 장소일 수 있다. 비상착륙이 육지에서 이루어지면 비상착륙(Emergency Landing)이라 하고, 바다나 강 등의 물 위에서 이루어지면 비상착수(Emergency Ditching)라고 한다.

출처: news1(KBS가 2018)

또한, 비상착륙은 비상 탈출에 대비한 준비 가능 시간 여부에 따라, 준비된 비상착륙(Anticipated Emergency Landing)과 준비되지 않은 비상착륙(Unanticipated Emergency Landing)으로 구분한다. 준비된 비상착륙은 항공기, 승무원, 승객 및 공항이 비상착륙에 대비하여 준비할 시간이 있는 경우를 의미하고, 준비되지 않은 비상착륙은 이착륙 시 주로 발생하며 비상착륙에 대비해 준비 시간이 없는 경우를 의미한다. 준비된 비상착륙 또는 준비되지 않은 비상착륙 시 객실승무원은 아래의 기본 원칙을 고려하여 대응 절차를 수립한다.

📍 **비상착륙 기본 원칙**

- 충격으로부터의 생존(Survive the impact)
- 항공기로부터의 탈출(Escape the aircraft)
- 환경으로부터의 생존(Survive the elements)

2 충격으로부터의 생존

1) 충격 방지 자세

(1) 객실승무원의 충격 방지 자세

❶ 전향 Jumpseat

- 발을 어깨너비로 벌려 약간 앞으로 내밀고 바닥을 디딘다.
- 손바닥을 위로 하여 허벅지 아래에 단단히 깔고 앉아 턱을 당겨 머리를 앞으로 숙인다.

❷ 후향 Jumpaseat

- 발을 어깨너비로 벌려 약간 앞으로 내밀고 바닥을 디딘다.
- 손바닥을 위로 하여 허벅지 아래에 단단히 깔고 앉아 뒤통수를 등받이에 힘껏 기댄다.

(2) 승객의 충격 방지 자세

❶ Bulkhead Seat

- 상체를 숙여 머리를 무릎 위에 댄다.
- 두 팔로 허벅지를 감싸거나 양손으로 발목을 잡는다.

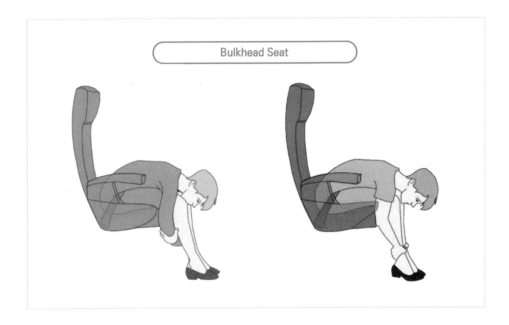

Bulkhead Seat

❷ Bulkhead Seat 이외의 좌석

- 양팔을 엇갈리게 하여 앞좌석 등받이 상단을 잡는다.
- 엇갈린 양팔 위에 이마를 댄다.
- 좌석 앞 등받이에 손이 닿지 않는 어린이의 경우 Bulkhead Seat의 충격 방지 자세를 취하고 옆 좌석의 성인이 어린이의 머리를 살짝 눌러준다.

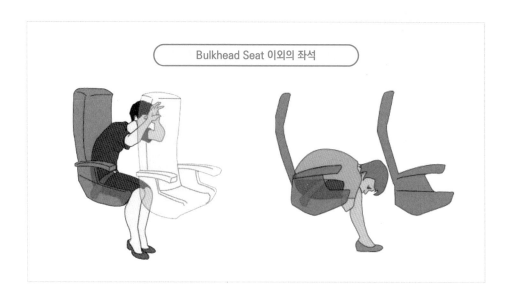

❸ 영아

- 좌석벨트는 보호자만 착용한다.
- 영아의 다리가 보호자의 허리를 감싸게 하여 안고 한 손으로 영아의 목과 머리를 받친다.
- 다른 손으로는 앞좌석 등받이 상단을 잡거나 허벅지를 감싼다.

출처: ICAO Hompage, Transport Canada AC 700-036

2) 준비된 비상착륙

준비된 비상착륙(Anticipated Emergency Landing) 상황에서는 항공기의 최초 충격 시점을 예상할 수 있으므로 승객과 승무원이 충격에 대비해 미리 충격 방지 자세를 취할 수 있다. 충격 방지 자세는 충격으로부터의 생존율을 높여주는 중요한 절차이므로 객실승무원은 승객들에게 충격 방지 자세의 정확한 방법과 시점을 안내해야 한다.

준비된 비상착륙의 객실 준비 절차는 준비 시간이 '충분한 경우'와 '부족한 경우'로 구분한다. 항공기 착륙까지의 잔여 시간, 승객 수, 승객 구성, 항공기 구조 등을 고려하여 객실사무장이 최종적으로 결정한다.

준비 시간이 충분한 경우에는 '의사소통 및 협의, 승객 브리핑, 협조자 선정 및 임무 설명, 객실 및 Galley 안전 조치, 최종 점검'의 순으로 객실을 준비하고, 준비 시간이 부족한 경우에는 '의사소통 및 협의, 객실 및 Galley 안전 조치, 승객 브리핑, 기타 절차' 순으로 객실 준비를 수행한다.

 준비된 비상착륙 준비 절차

준비 시간이 충분한 경우	준비 시간이 부족한 경우
• 의사소통 및 협의 • 승객 브리핑 • 협조자 선정 및 임무 설명 • 객실 및 Galley 안전 조치 • 최종 점검	• 의사소통 및 협의 • 객실 및 Galley 안전 조치 • 승객 브리핑 • 기타 절차

(1) 의사소통 및 협의(Communicate and Coordinate)

준비된 비상착륙의 첫 번째 준비 절차는 '의사소통 및 협의'이다.

운항승무원이 "Purser, Contact Cockpit Immediately."라고 방송하면 방송을 들은 객실사무장은 즉시 가장 가까운 인터폰을 사용해 운항승무원에게 연락한다.

운항승무원과 객실사무장의 '의사소통 및 협의'가 먼저 이루어진 후, 다시 객실사무장과 객실승무원들의 '의사소통 및 협의'가 이루어진다. 각 단계에서의 의사소통 및 협의 내용은 다음과 같다.

운항승무원과 객실사무장의 의사소통 및 협의 내용

① 비상사태 유형(착륙 또는 착수, 비상사태 원인, 착륙 장소의 기상 등)

② 준비 가능 시간

③ '충격 방지 자세' 신호자 및 신호 내용

• 신호자: 운항승무원

• 신호 내용: Fasten Seatbelt Sign 4회 점멸과 PA "Brace for Impact" 2회

④ 항공기로부터의 탈출 신호자 및 신호 내용

• 신호자: 운항승무원

• 신호 내용: PA "This is the Captain. Evacuate, Evacuate" 또는 탈출 신호음(Evacuation Horn) 발신

객실사무장과 객실승무원들의 의사소통 및 협의 내용

객실사무장은 운항승무원과의 의사소통 및 협의 내용을 객실승무원들에게 전달하고, 착륙까지의 잔여 시간, 승객 수, 승객 구성, 항공기 구조 등을 고려하여 준비 시간이 충분한 경우와 부족한 경우 중 알맞은 대응 절차를 결정한다.

(2) 승객 브리핑(Brief Passengers)

승객들에게 비상사태 발생 사실을 알리고 대처 방법을 안내하기 위해 승객 브리핑을 실시한다. 객실사무장은 효과적인 안내를 위해 객실의 조명을 Full Bright로 켜고, 객실승무원 업무 교범의 '준비된 비상사태 시 승객 브리핑 방송문'을 방송한다. 준비 시간이 부족한 경우 객실사무장의 재량으로 방송문의 일부만을 선택하여 방송할 수 있다. 단, 방송문은 중요도가 높은 내용부터 순서대로 나열되어 있다.

⊙ 준비된 비상사태 시 승객 브리핑 방송문 순서

주의 집중 ➔ Catering Item 수거 및 승객 좌석 점검 ➔ 위해 물품 제거 및 수하물 정리 보관 ➔ (비상착수) 구명복 착용 ➔ 좌석벨트 착용 ➔ 충격 방지 자세 ➔ 탈출구 위치 안내 ➔ Safety Information Card 내용 재확인

객실승무원들은 담당 위치로 필요한 브리핑 장비(Demo 장비)를 가져와 객실사무장의 방송에 맞추어 시연 및 안내를 한다. 비상착륙의 경우 좌석벨트, Safety Information Card를 준비하고, 비상착수의 경우에는 좌석벨트, Safety Information Card, 승무원용 구명복을 준비한다.

방송문의 각 절차는 'Cross Check!'으로 마감하며, 객실승무원은 담당 구역의 브리핑 완료 시마다 수신호인 Thumb-Up Signal로 전달한다. 수신호는 R Side에서 맞은편 L Side로 전달하고, L Side는 최후방에서 최전방순으로 전달한다.

(3) 협조자 선정 및 임무 설명(Select and Brief Assistants)

객실승무원은 승객 중 협조자를 선정하여 도움을 요청할 수 있다. 협조자는 탈출구에서 객실승무원을 도와줄 협조자와 승객 중 도움이 필요한 승객을 도와줄 협조자가 필요하다.

탈출구에서 객실승무원을 도와줄 협조자는 탈출구별로 3명씩 선정한다. 협조자 1명은 탈출구 안쪽에서 탈출구를 개방하거나 승객 탈출 지휘를 도와주고, 2명은 먼저 탈출하여 탈출구 밖에서 Slide/Slide Raft로 탈출하는 승객들을 돕는다. 객실승무원은 협조자 선정 후 임무를 설명하고 탈출구 주변으로 협조자의 좌석을 재배치한다.

또한, 승객 중 보행 불가 승객, 장애인, 노약자, UM(Unaccompanied Minor) 등 도움이 필요한 승객이 탈출구로 이동하여 항공기로부터 탈출하는 것을 도와줄 협조자를 선정한다. 협조자를 선정하고 임무를 설명한 후에는 해당 승객과 협조자가 같이 앉을 수 있도록 협조자의 좌석을 재배치한다.

(4) 객실 및 Galley 안전 조치

객실 및 Galley 안전 조치 단계에서는 객실 내 승객의 수하물 보관 상태, 좌석벨트 착용 상태, 좌석 등받이, Tray table, 개인용 모니터의 원위치 상태를 확인한다. 또한, Galley 내 Cart, Carrier Box 등을 고정한다.

(5) 최종 점검

최종 점검(Make Final Preparations) 단계에서 객실사무장은 객실 내부의 조명을 외부보다 어둡게 조절하고 Emergency Light(비상등)를 켠다. 또한, 객실의 비상착륙 준비 완료 상태를 운항승무원에게 최종 보고한다. 모든 객실승무원은 Jumpseat에 착석하여 충격 방지 자세를 취한다. 착륙 약 1분 전(1,000ft 전) Fasten Seatbelt Sign이 4회 점멸하고 운항승무원의 "Brace for Impact"라는 방송이 2회 들리면 충격 방지 자세 명령어를 3회 외친다.

● 준비된 비상착륙 - '충격 방지 자세' 명령어

충격 방지 자세! Brace! (3회)

준비된 비상사태 시 승객 브리핑 방송문

● 주의 집중

손님 여러분, 주목해 주십시오. 긴급 사태가 발생했습니다.
이 비행기는 약 ___ 분 후에 비상착륙/착수하겠습니다.
저희 승무원들은 이러한 상황에 대비하여 충분한 훈련을 받았습니다.
침착해 주시고 지금부터 객실승무원들의 지시에 따라 주십시오.

Ladies and Gentlemen, we need your attention.
We have to make an emergency landing / ditching in about minutes.
We are trained to handle this situation.
Please remain calm and follow the instructions of Cabin Crew.
Crosscheck!

● Catering Item 수거 및 승객 좌석 점검

저희 승무원들이 여러분의 좌석으로 가면 수거하기 쉽도록 식사 트레이나 빈 캔 등을 통로 쪽으로 내놓아 주십시오. 좌석 등받이를 지금 바로 세워주시고 트레이 테이블은 닫아 주십시오. 발 받침대와 개인용 Video를 제자리로 해주십시오.

Please give your trays to our cabin crew when they come to collect them. Put your seat back to the upright position and stow tray tables, footrest and in-seat video units at this time.
Crosscheck!

● 위해 물품 제거 및 수하물 정리 보관

펜이나 장신구같이 날카로운 물건은 모두 가방 안에 넣으십시오.

(비상착륙) 스파이크가 박힌 신발 및 하이힐은 벗으십시오.

(비상착수) 모든 신발을 벗으십시오. 벗은 신발은 좌석 밑 또는 선반 안에 넣으십시오.

넥타이나 스카프와 같이 느슨한 물건들은 몸에서 풀어서 가방 안에 넣으십시오.

착륙 전 안경은 벗어서 양말이나 상의 옆 주머니에 넣으십시오.

좌석 앞 주머니 속에는 아무것도 넣지 마십시오.

소지하신 모든 가방은 좌석 밑 또는 선반 안에 넣으십시오.

Please put away all sharp objects such as pens and jewelry.

Also remove loose objects such as neckties and scarves and remove high heel shoes.

비상착수: Remove all shoes. And place them underneath your seat or in the overhead bins.

Put all of these items in carry-on baggage.

Remove eyeglasses before landing and put them in your sock or a side coat pocket. Do not put anything in the seat pocket in front of you.

Put all carry-on items under a seat or in an overhead bin.

Crosscheck!

● (비상착수) 구명복 착용 - 시연 필요

좌석 밑이나 옆에 있는 구명복을 꺼내십시오. 탭을 잡아당겨 구명복을 주머니에서 꺼내십시오. 머리 위에서부터 입으시고 양팔을 끼운 다음 끈을 아래로 당기십시오.

끈을 몸에 맞도록 조절해 주십시오.

항공기에서 탈출하기 직전 비상구 앞에서 두 개의 붉은 탭을 잡아당겨 구명복을 부풀리십시오. 부풀리십시오. 양쪽 고무관을 불어 부풀릴 수도 있습니다.

구명복은 항공기 내에서는 절대 부풀리지 마십시오.

Remove the life vest located under or on the side of your seat by pulling on the pouch tab. Place it over your head and adjust the straps around your waist. Do not inflate the vest inside the aircraft. When you leave the aircraft, pull down on the two red tabs/ to inflate the vest. The vest can also be inflated by blowing into the tubes on either side.

Crosscheck!

● 좌석벨트 착용 - 시연 필요

좌석벨트를 매십시오. 버클을 끼우고 배 위쪽이 아닌 골반 쪽에서 단단히 조여 주십시오. "벨트 풀어"라는 지시가 있을 때 버클 덮개를 들어 올리십시오.

Fasten your seatbelt.
When told to release your seatbelt, lift the top of the buckle.
Crosscheck!

● 충격 방지 자세(Describe Bracing Positions) - 시연 필요

착륙 직전 충격 방지 자세를 취하라는 신호가 있을 것입니다.
신호는 Fasten Seatbelt Sign 4회와 'Brace for impact'라는 방송 2회이며, 이때 객실승무원들이 "충격 방지 자세 Brace!"라고 외칠 것입니다.
충격 방지 자세 신호가 있으면 발을 바닥에 대고 양팔을 엇갈리게 하여 손을 앞좌석 상단을 잡으십시오. 이마는 팔에 대십시오. 앞좌석 등받이에 손이 닿지 않거나 앞에 좌석이 없는 경우에는 상체를 앞으로 최대한 숙여 팔을 허벅지 밑으로 넣어 단단히 안거나 손으로 발목을 잡고 머리를 무릎에 대십시오. 충격 방지 자세는 항공기가 완전히 정지할 때까지 취하고 있어야 합니다. 이후, 승무원의 지시에 따라 주십시오.

The signal to brace will be given just before landing.
The signal will be _____(describe signal), and the Cabin Crew will direct you to brace.
When instructed to brace for impact, place your feet on the floor, cross your arms and put your hands on the seat in front of you. Put your head on your arms. If you cannot reach the seatback in front of you, or if there is no seat in front of you, lean forward as far as you can and wrap your arms tightly under your legs or grab your ankles. Place your head on your knees.
Hold this bracing position until the aircraft comes to complete stop.
Then follow the instructions of your crew.
Crosscheck!

⊙ **(비상착륙) 탈출구 위치 안내 - 시연 필요**

(B787) 이 항공기의 탈출구는 양쪽에 각각 4개씩, 총 8개가 있습니다.

객실승무원들이 여러분 위치에서 가장 가까운 비상구를 가리키고 있습니다.

가장 가까운 비상구는 여러분 뒤쪽에 위치할 수도 있으니 다시 한번 확인하십시오.

바닥에 설치된 비상 유도등은 붉은색으로 표시된 탈출구까지 안내할 것입니다. 탈출 지시가 있으면 가장 가까운 탈출구 쪽으로 가십시오. 항공기를 탈출하여 지상에 도착하면 항공기로부터 멀리 피하십시오.

Exits on this aircraf are 8 doors, 4 doors on each side of the aircraft.

The Cabin Crew are pointing to the exits nearest to you, and be aware your closest exit may be behind you.

Emergency track lighting installed near the floor will lead you to an exit, which is identified by a red light.

When instructed to evacuate, go to the nearest exit.

When you reach the ground, run away from the aircraft

Crosscheck!

⊙ **(비상착수) 탈출구 위치 안내 - 시연 필요**

(B787) 이 항공기의 구명보트는 8개의 출입문에 각각 설치되어 있습니다.

객실승무원들이 여러분의 위치에서 가장 가까운 Raft의 위치를 가리키고 있습니다.

바닥에 설치된 비상 유도등은 탈출구까지 안내할 것입니다. 탈출 지시가 있으면 모든 소지품은 좌석에 놓아두고 가장 가까운 탈출구로 가십시오. 항공기에서 나가면서 구명복을 부풀리십시오.

The Cabin Crew are pointing to the exits with rafts nearest to you.

This aircraft is equipped with rafts at each of the 8 doors.

Emergency track lighting is installed near the floor will lead you to an exit which is identified by a red light.

When instructed to evacuate, leave all carry-on items at your seat and go to the nearest exit. Inflate your life vest upon leaving the aircraft.

Crosscheck!

Safety Information Card 내용 재확인 - 시연 필요

좌석 앞 주머니 속에서 Safety Information Card를 꺼내어 좌석벨트, 충격 방지 자세,
구명복, 탈출구 위치 및 탈출구 작동법을 재확인하십시오. 저희 승무원들이 통로에서 여러분을 도와
드리고 질문에 답해 드리겠습니다. 주목해 주셔서 감사합니다.

Read the Safety Information Card in your seat pocket and review seatbelt operation,
bracing position, life vest operation, exit locations and exit operation. Cabin Crew will be
in the aisles to assist you and answer any questions.
Crosscheck!

협조자 모집(필요시 실시)

손님 여러분, 여러분 중에 항공사 직원, 경찰, 소방관 또는 군인이 계시면 승무원에게 알려주시기 바
랍니다. 여러분의 도움이 필요합니다.

Ladies and gentlemen,
If there are any airline employees, law enforcement, fire rescue or military personnel on
board, please identify yourself to the Cabin Crew.
We need your assistance.
Crosscheck!

좌석 재배치

손님 여러분, 탈출을 용이하게 하기 위하여 몇 분 손님에게 좌석 변경을 요청하겠습니다.
여러분은 저희들이 요청할 때까지 좌석에 그대로 계시기 바랍니다.

Ladies and gentlemen, We will be asking some of you to change seats to better help
those needing assistance or to be closer to an exit to help evacuate.
Please remain seated until instructed by our cabin crew.
Crosscheck!

3) 준비되지 않은 비상착륙

　준비되지 않은 비상착륙(Unanticipated Emergency Landing)은 주로 항공기 이착륙 시에 발생하며 사전에 예고가 거의 없거나 전혀 없는 경우가 일반적이다. 객실승무원들이 항공기 최초 충격에 대비하여 객실을 준비하고 승객에게 브리핑할 시간이 없는 상황이므로 항공기에 최초 충격이 가해질 때부터 충격 방지 자세를 취하고, 승객에게 충격 방지 자세 명령어를 외쳐야 한다. 충격 방지 자세와 명령어는 항공기가 완전히 정지할 때까지 유지한다.

출처. 연합뉴스(JAL516. 2024. 1. 2)

　◉ 준비되지 않은 비상착륙 - '충격 방지 자세' 명령어

　머리 숙여! 자세 낮춰! Heads Down! Stay Low!

　📍 **명령어(Commands)**

객실승무원은 상황에 맞는 다양한 명령어를 사용하여 승객의 탈출을 지휘한다. 명령어는 모든 승객이 명확하게 들을 수 있도록 크게 외쳐야 하며 너무 빠르지 않도록 주의한다.

　📍 **이착륙 시 객실승무원의 Jumpseat 착석**

이착륙 시 모든 객실승무원은 Jumpseat에 착석하여 Ready Position을 취하고 '30 Second Review'를 실시한다.

　📍 **Ready Position: Jumpseat 착석 시 객실승무원의 준비 자세**

① 좌석벨트와 Shoulder Harness를 모두 착용한다.
② 양 손바닥을 위로 하여 허벅지 밑에 깔고 앉는다.
③ 상반신을 Jumpseat에 단단히 기대고 양발을 바닥에 붙인다.

🖱 30 Second Review

① 비상장비의 위치와 작동법
② 비상구 위치와 작동법
③ 비상 탈출 순서
④ 충격 방지 자세 Shouting
⑤ 비상시 도움을 줄 수 있는 승객
⑥ 비상시 도움을 필요로 하는 승객

 충격 방지 자세 시점과 명령어 비교

	준비된 비상착륙	준비되지 않은 비상착륙
시점	착륙 약 1분 전, Fasten Seatbelt Sign 4회 점멸 & "Brace for Impact" 2회 방송	항공기 최초 충격 ~ 완전히 정지할 때까지 지속
명령어	충격 방지 자세! Brace! (3회)	머리 숙여! 자세 낮춰! Heads Down! Stay Low!

3 항공기로부터의 탈출

1) 상황 판단

객실승무원은 항공기가 완전히 정지한 후 비상 탈출 여부에 대한 올바른 상황 판단을 해야 한다. 이때 운항승무원의 PA는 상황 판단의 중요한 근거가 된다.

📍 **운항승무원의 PA에 따른 객실승무원의 대응 절차**

① 운항승무원 PA: "This is the Captain. Remain seated, remain seated."
• 객실승무원: 비상 탈출이 필요하지 않은 경우로 각자의 정위치에 있는다.
② 운항승무원 PA: "Attention, crew at station."
• 객실승무원: 비상 탈출이 예상되는 경우로 각자의 정위치에 있는다.
③ 운항승무원 PA: "This is the Captain. Evacuate, evacuate!"
• 객실승무원: 비상 탈출이 필요한 경우로 즉시 비상 탈출을 시작한다.

비상착륙 후 운항승무원이 Emergency Checklist에 의해 비상 절차를 수행 중인 경우, 즉각적인 지시나 응답이 불가할 수 있으므로 객실승무원은 상황이 허락하는 한 수차례 운항승무원에게 연락을 시도하여야 한다. 이때 객실승무원은 '비상긴급신호'를 사용해 운항승무원에게 연락한다.

비상긴급신호(Emergency Alert Signals)

- 객실의 비상상황을 조종실에 알리기 위한 신호로, 신호 발신에 따른 객실 현상은 없다.(기존 비상 신호와 긴급 신호 통합)
- 비상긴급신호는 객실에서 조종실로 전달할 수 있으며, 운항승무원은 필요한 경우 객실로 All Attendant Call하거나 PA("Purser Contact Cockpit Immediately") 할 수 있다.
- 비상긴급신호 방법
  - B787/B747/B777/A220: 핸드셋의 '＊' 버튼을 2회 누른다.
  - B737: 핸드셋의 '2' 버튼을 3회 누른다.

(1) 승객에 의한 탈출 방지

객실승무원은 객실승무원의 지시에 의하지 않은 승객에 의한 탈출구 개방을 방지해야 한다. 승객이 자의적인 판단으로 탈출구 개방을 시도한다면 객실승무원은 승객을 진정시키고 객실을 통제해야 한다.

> 승객에 의한 탈출 방지 명령어
> 진정하세요! 자리에 앉으세요! 기다리세요!
> Calm down! Sit Down! Wait!
> Everything Is Under Control! Stay Seated!

(2) 객실승무원에 의한 비상 탈출

운항승무원에게 수차례 연락을 시도하여도 응답이 없고 객실의 상황이 아래와 같다면 객실승무원은 스스로 비상 탈출을 결정할 수 있다.
- 항공기의 심각한 구조적 손상

- 위험한 화재나 연기 발생
- 승객들이 위험 상태에 직면한 경우

2) 탈출 지시

운항승무원의 탈출 지시 방송("This is the Captain. Evacuate, evacuate!") 또는 탈출 신호음 (Evacuation Horn)이 있을 경우, 객실승무원은 즉시 비상 탈출을 시작한다. 이때 객실승무원 은 '비상시 Door Open 절차'에 따라 Door를 열며 '좌석 이탈' 명령어를 사용하여 승객 의 탈출을 지휘한다.

(1) 비상시 Door Open 절차

① 필요시 Flashlight를 꺼내 들고 탈출 신호음(Evacuation Horn)을 끈다.
② 외부 상황을 확인한다.
③ Door mode의 팽창 위치를 확인한다.
④ 한 손은 Assist Handle을 잡고 다른 손으로는 Operating Handle을 화살표 방향 으로 돌린다.
⑤ Manual Inflation Handle을 당긴다.
⑥ 승객 통제 및 Slide/Slide Raft의 팽창 상태를 확인한다.

대부분의 Door는 Door Mode '팽창 위치' 상태에서 Door를 열면 Pneumatic Power(압축 공기의 힘)의 지원을 받아 자동으로 개방된다. 이러한 Door를 Automatic Door라고 한다. 예외적으로 B737 항공기는 Door에 Pneumatic Power가 장착되어 있지 않아 객실승무원이 Door를 개방한 후 Gust Lock 될 때까지 객실승무원의 힘으로 밀어야 한다. 이러한 Door를 Manual Door라고 한다.

Manual Inflation Handle은 Slide/Slide Raft가 자동으로 팽창하지 않을 경우 잡아 당겨 수동으로 팽창시키는 용도의 손잡이이다. 하지만, 객실승무원이 Slide/Slide Raft의 팽창 여부를 확인하는 시간을 줄이고자 Door 개방 즉시 Manual Inflation Handle을 당기도록 한다.

(2) '좌석 이탈' 명령어(Motivational Command)

객실승무원은 Door를 열면서 동시에 '좌석 이탈' 명령어를 외쳐 승객들이 좌석에서 일어나 탈출을 시작하도록 지시한다.

'좌석 이탈' 명령어 – 비상착륙
벨트 풀어! 나와! 짐 버려! Release Seatbelts! Get out! Leave Everything!
'좌석 이탈' 명령어 – 비상착수
벨트 풀어! 구명복 입어! 나와! 짐 버려! Release Seatbelts! Get Your Life Vest! Get out! Leave Everything!

준비된 비상착수의 경우 '승객 브리핑'을 통해 승객들이 이미 구명복을 착용하고 있다면 '구명복 입어! Get Your Life Vest!' 부분은 생략할 수 있다.

(3) '탈출구 정상/불량' 명령어

객실승무원은 담당 탈출구로의 탈출이 적합하다고 판단되면 '탈출구 정상' 명령어를 사용해 승객들을 담당 탈출구로 이동시킨다. 하지만 Door Jamming, Escape Device 팽창 실패, 화재 등으로 인하여 탈출구 사용 불가로 판단되면 '탈출구 불량' 명령어를 사용하여 승객들을 다른 탈출구로 유도해야 한다.

'탈출구 정상/불량' 명령어	
탈출구 정상	이쪽으로! Come this way!
탈출구 불량	탈출구 불량! 화재 발생! 건너편으로! 저쪽으로! Bad Exit! Fire! Cross Over! Go That way!

(4) '승객 탈출' 명령어

탈출구 정상상황에서 객실승무원이 "이쪽으로! Come this way!"를 외친 후 승객들이 탈출구에 도달하면 '승객 탈출' 명령어를 사용하여 승객들을 항공기 외부로 탈출시킨다.

'승객 탈출' 명령어	
비상착륙	양팔 앞으로! 뛰어! 내려가! Arms Straight Ahead! Jump and slide!
비상착수 – Slide Raft	구명복 부풀려! 안쪽으로! Inflate Your Life Vest! Step into the Raft!
비상착수 – Slide	구명복 부풀려! 물로 뛰어들어! 헤엄쳐 가서 잡아! Inflate Your Life Vest! Jump Into the water! Swim to the Slide and Hold on!

이때 객실승무원은 Assist Handle을 잡고 몸을 벽에 고정하여야 하며 승객의 탈출로를 객실승무원의 몸으로 막지 않아야 한다. 또한, 처음 탈출하는 승객에게는 아래와 같이 명령하여 협조를 구할 수 있다.

비상착륙 – 최초 탈출 승객에게 도움 요청
두 사람은 밑에서 내려가는 사람들을 도와주세요! You Two! Stay At The Bottom! Help People Off!

 명령어(Commands/Shouting)

'충격 방지 자세' 명령어	
준비되지 않은	머리 숙여! 자세 낮춰! Heads Down! Stay Low!
준비된	충격 방지 자세! Brace! (3회)

'승객 통제' 명령어
진정하세요! 자리에 앉으세요! 기다리세요! Calm down! Sit Down! Wait! Everything Is Under Control! Stay Seated!

'좌석 이탈' 명령어	
비상착륙	벨트 풀어! 나와! 짐버려! Release Seatbelts! Get out! Leave Everything!
비상착수	벨트 풀어! 구명복 입어! 나와! 짐 버려! Release Seatbelts! Get Your Life Vest! Get out! Leave Everything!

'탈출구 정상/불량' 명령어	
탈출구 정상	이쪽으로! Come this way!
탈출구 불량	탈출구 불량! 화재 발생! 건너편으로! 저쪽으로! Bad Exit! Fire! Cross Over! Go That way!

'승객 탈출' 명령어	
비상착륙	(비상착륙 – 최초 탈출 승객에게 도움 요청) 두 사람은 밑에서 내려가는 사람들을 도와주세요! You Two! Stay At The Bottom! Help People Off! 양팔 앞으로! 뛰어! 내려가! Arms Straight Ahead! Jump and slide!
비상착수 – Slide Raft	구명복 부풀려! 안쪽으로! Inflate Your Life Vest! Step into the Raft!
비상착수 – Slide	구명복 부풀려! 물로 뛰어들어! 헤엄쳐 가서 잡아! Inflate Your Life Vest! Jump Into the water! Swim to the Slide and Hold on!

(5) Overwing Window Exit 비상 탈출

Overwing Window Exit은 상단의 손잡이를 아래로 당기면 바깥쪽 위로 자동으로 열리면서 동체에 고정된다. Overwing Window Exit 옆에 착석한 승객이 직접 개방해야 하므로 Door Exit에 착석한 객실승무원은 아래의 명령어를 크게 외쳐 탈출을 지시한다.

 Overwing Window Exit 비상착륙 명령어

창가에 앉은 손님!	Hey, You!
창 밖을 보세요!	Look Outside!
안전합니까?	Is It Safe?
손잡이를 당기세요!	Pull The Handle!
바깥으로!	Step Through!
날개 뒤로 내려!	Slide Off The Back Of The Wing!
멀리 가!	Move Away!

 Overwing Window Exit 비상착수 명령어

창가에 앉은 손님!	Hey, You!
창 밖을 보세요!	Look Outside!
안전합니까?	Is It Safe?
손잡이를 당기세요!	Pull The Handle!
구명복 부풀려!	Inflate Your Life Vest!
바깥으로!	Step Through!
날개 앞으로 뛰어!	Go Off The Front Of The Wing!
헤엄쳐 가서 잡아!	Swim To The Slide And Hold On!

비상착수 상황에서는 수면과 항공기의 충격으로 인해 부서진 날개의 파편들이 날개 후방에 흩어져 있을 수 있으므로 부상 방지를 위해 날개 앞쪽으로 승객들의 탈출을 지시한다.

3) 객실승무원 탈출

객실승무원은 화장실을 비롯해 객실 내부의 모든 승객이 탈출하였는지 확인한 후 탈출한다. 일부 객실승무원은 승객보다 먼저 탈출하여 항공기 외부의 승객들을 통솔할 수

있다. 탈출 시 가능하면 FAK, Megaphone, Flashlight, 객실승무원 업무 교범, ELT 등을 소지하고 탈출한다. 항공기로부터 탈출한 직후에는 다음과 같은 절차를 수행한다.

📍 탈출 직후 대응 절차

① 항공기의 폭발이나 연기로 인해 위험하지 않도록 항공기로부터 약 100m 정도 멀리 이동한다.

② 모든 승객과 승무원의 수를 확인한다.

③ 되도록 항공기 내부로 다시 들어가지 않는다.

④ (비상착수) Slide Raft에 모두 탑승하면 객실승무원은 Ditching Release Handle을 잡아당겨 일차적으로 항공기로부터 Slide Raft를 분리시킨다. 이후 Knife나 Mooring Release Handle을 이용해 Mooring Line을 분리시켜 Slide Raft를 항공기로부터 완전히 분리해낸다.

⑤ (비상착수) Slide Raft 또는 Life Raft에 탑승하여 안전거리까지 이동하기 위해 객실승무원 1명은 Slide Raft 또는 Life Raft의 전방에 앉아 주위를 살피고, 다른 객실승무원 1명은 후방에서 승객들에게 다음과 같이 지시한다.

- 저는 승무원입니다! 전방을 보세요! 손으로 저으세요! 하나! 둘! 하나! 둘!
  I am a crew! Look at the front! Row the raft! One! Two! One! Two!

⑥ (비상착수) Slide Raft 또는 Life Raft가 없거나 탑승하지 못하고 물 속에 있다면 수영으로 안전거리까지 이동 후 HELP 자세나 Huddle 자세를 취하고 구조를 기다린다.

📍 HELP 자세(Heat Escape Lessening Posture/태아 자세)

물속에서 태아처럼 몸을 웅크려 체온을 최대한 유지할 수 있는 자세로 체온 손실이 많은 목과 겨드랑이, 허벅지 안쪽을 몸에 최대한 붙여 체온을 유지한다.

📍 Huddle 자세

물속에서 HELP 자세를 취한 여러 사람이 서로 몸을 밀착하여 모여 있는 자세로 체온을 유지해 저체온증을 방지하기 위한 자세이다.

4 환경으로부터의 생존

항공기에서 탈출하였다면 승객과 승무원은 탈출한 환경으로부터 생존해야 한다. 탈출한 장소가 신속한 구조가 가능한 공항일 수도 있지만, 산이나 바다 혹은 매우 춥거나 더운 지역일 수도 있다. 따라서 승객과 승무원은 생존하고자 하는 의지를 갖고 구조될 때까지 생존에 필요한 모든 노력을 기울여야 한다.

1) 생존 일반 지침

① 부상 승객에게 응급처치를 한다.
② 항공기로부터 안전거리를 유지하되 주변에 있는다.
③ 그룹을 조직하여 임무를 수행한다.
 · 식수/음식/나무(연료) 수집, 피난처 찾기, 구조 신호 발신 등의 임무
④ 탈수증 예방을 위해 물을 섭취한다.

2) 극도로 추운 경우

① 체온 보호를 위하여 모든 옷과 담요 등을 착용한다.
② Canopy를 설치한다.
③ 옷이 물이나 땀에 젖어 있으면 즉시 갈아입는다.

3) 극도로 더운 경우

① 그늘에 있거나 그늘을 만든다.
② Canopy를 설치한다.
③ 사막에서는 시원한 지열을 이용하기 위해 모래를 최소한 15cm가량 파내고 몸을 땅에 밀착시킨다.
④ 충분한 불빛이 있다면 뜨거운 낮에는 잠을 자고 야간에 작업한다.

② 기내 감압

1 항공 생리

지구의 대기는 지구를 둘러싸고 있는 공기층으로 78%의 질소, 21%의 산소, 1%의 기타 성분으로 조성되어 있다. 중력의 작용으로 인해 지표면에 가까울수록 공기 밀도와 기압이 증가하고, 고도가 높아지면 반대로 공기 밀도와 기압은 감소하게 된다.

기온 또한 고도가 높아질수록 낮아져 약 35,000ft에서의 대기 온도는 -55℃ 정도이다.(고도↑, 공기 밀도↓, 기압↓, 기온↓)

이러한 비행 중 항공기 외부의 저산소, 저압, 저온 환경에서 승객과 승무원의 신체를 보호하기 위해 항공기는 여압 장치를 이용해 기내의 압력을 인위적으로 높여준다.(기내가압, Cabin Pressurization) 이때 여압 장치에 의해 인위적으로 유지되는 항공기 내부의 고도를

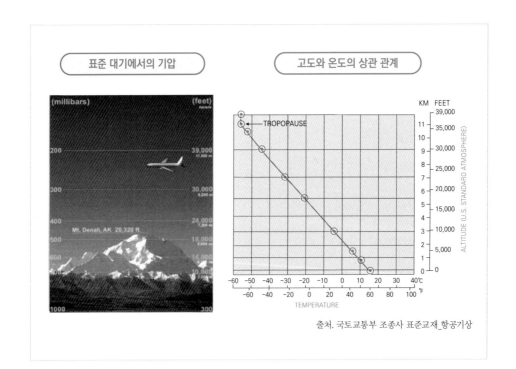

출처. 국토교통부 조종사 표준교재_항공기상

객실 고도(Cabin Altitude)라고 하며, 객실 고도는 백두산 정상(약 9,000ft)보다도 낮은 고도인 약 7,000~8,000ft로 유지된다.

> 📍 **의식가능시간(TUC: Time of Useful Consciousness)**
>
> 의식가능시간이란 불충분한 산소 공급 환경에서 정상적으로 임무를 수행할 수 없게 되기 까지의 시간을 의미한다. 산소가 결핍된 혈액이 폐에서 뇌까지 이동하여 뇌의 기능이 저하되어 발생하며, 산소를 공급받아 회복하는 시간도 거의 동일하다. 또한, 아래의 표에서처럼 의식가능시간이 길지 않으므로 비행 중 감압이 발생하면 운항승무원과 객실승무원은 신속하게 대처하는 것이 중요하다.

 항공기 고도별 의식가능시간

항공기 고도	급격한 감압 시	완만한 감압 시
15,000ft	15~20분	30분
25,000ft	2분 30초	5분
30,000 ft	30초~1분	1~2분
40,000 ft	18초	18초

② 감압 종류와 현상

1) 감압 종류

감압(Decompression)이란 비행 중 기내의 압력이 낮아지는 현상을 의미하며, 감압의 종류는 완만한 감압(Slow Decompression)과 급격한 감압(Rapid Decompression)이 있다.

완만한 감압은 기내의 압력이 천천히 빠져나가는 현상으로 여압 장치의 고장이나 Door 틈을 통해 기내 압력이 빠져나감으로써 발생한다.

급격한 감압은 기내의 압력이 빠르게 빠져나가는 현상으로 폭발물의 폭발, 항공기 외벽의 손상 등으로 인해 발생한다.

2) 감압 발생 시 현상

완만한 감압 시에는 귀가 멍멍하고 "휘~익" 하는 바람 빠지는 소리가 난다.

급격한 감압 시에는 굉음이 들리고 파편 조각이 날아다니며, 온도가 낮아지고 안개 현상이 나타난다.

객실 고도가 약 14,000ft에 이르게 되면 아래의 공통 현상들이 자동으로 나타나므로 객실승무원은 신속하게 감압 대응 절차를 수행해야 한다.

❶ 감압 공통 현상

- 산소마스크 Drop

"비상 강하 중! 벨트를 매고 마스크를 잡아당겨 코와 입을 완전히 덮으십시오!"
"Attention, Emergency Descent! Fasten your seatbelt, pull the mask towards you and put it over your nose and mouth!"

- 자동 감압 방송
- No Smoking Sign 및 Fasten Seatbelt Sign 'ON'

❷ 산소마스크 수동 Drop

객실 고도가 약 14,000ft에 도달하면 Ceiling Compartment의 패널이 자동으로 열리면서 산소마스크가 떨어지는 것이 정상이지만 패널이 자동으로 열리지 않을 경우, 뾰족한 물건(볼펜 심, 헤어 핀 등)을 패널의 구멍에 밀어 넣어 수동으로 열 수 있다. 에어버스 항공기의 경우 모든 Jumpseat 하단에 Manual Release Tool이 보관되어 있어 필요시 이를 이용해 패널을 열 수도 있다.

📍 **B787 항공기 – 산소마스크 수동 Drop**

B787 항공기는 Ceiling Compartment의 패널에 구멍 대신 장착된 Latch Button을 이용하여 패널을 열어야 한다. Latch Button을 누르면 Latch Button이 자동으로 튀어나오고 튀어나온 Latch Button을 반시계 방향으로 180도까지 완전히 돌려 패널을 연다. Latch Button을 돌리는 도중 손을 놓으면 다시 원상태로 돌아가므로 180도까지 끝까지 돌린다.

3 감압 발생 시 대응 절차

기내 감압이 발생하면 운항승무원은 즉시 산소마스크를 착용하고 항공기를 안전 고도
(Safe Altitude)인 10,000ft까지 급강하시킨다. 객실승무원은 항공기 급강하로 인한 승객과
승무원의 부상 방지와 신속한 산소 공급을 위해 다음의 대응 절차를 실시한다.

1) 즉각적인 대응 절차

① 근처의 산소마스크를 즉시 착용한다.
② 근처의 빈 좌석에 착석하고, 반드시 좌석벨트를 착용한다.
③ 빈 좌석이 없으면 자세를 낮추고 팔걸이를 잡아 몸을 고정한다.
④ 통로의 Cart는 사선으로 위치시키고 페달을 밟아 고정한다.
⑤ 자동 감압 방송 미작동 시 마스크를 쓴 채로 명령어를 외친다.

> ● 감압 명령어
> "마스크를 당겨 쓰세요! 벨트 매세요!"
> "Pull the mask towards you! Put on the mask! Fasten your seat belt!"

⑥ 승객들의 산소마스크 착용 상태를 확인한다.
· 안경을 착용한 승객에게 안경을 벗고 산소마스크를 착용하도록 지시한다.
· 어린이를 동반한 보호자에게 보호자 먼저 산소마스크를 착용한 후 어린이를 돕도
  록 지시한다.

2) 10,000ft 하강 이후 대응 절차

항공기가 10,000ft까지 하강한 후 운항승무원으로부터 움직여도 좋다는 신호가 오면
객실승무원은 아래의 업무들을 수행한다.
① 통로에 Cart가 나와 있으면 Cart를 Galley에 보관한다.
② 환자 승객 파악을 위해 화장실 내부를 점검한다.
③ 동체의 균열이 있는지 확인한다. 균열이 있는 경우, 균열이 있는 곳으로부터 승객들
  을 대피시킨다.

④ 승객들을 안심시킨다.

⑤ 부상 승객을 확인하며 부상 승객 발견 시 응급처치를 실시한다.

⑥ 천장에서 떨어진 산소마스크는 좌석 앞 주머니 속에 넣는다.

3) 감압 후유증 대응 절차

(1) 저산소증(Hypoxia)

체내 산소가 부족하여 발생하며 감압 시 흔히 일어나는 증상이다.

❶ 증상

- 머리가 아프고 어지럽다.
- 계속 잠이 오고 피곤함이 느껴진다.
- 호흡이 빨라진다.
- 손톱의 뿌리 근처나 입술이 푸른색으로 바뀌고 의식을 잃을 수 있다.

❷ 응급처치

- PO_2 Bottle을 사용하여 즉시 산소를 제공한다.
- 승객을 안정시킨다.

(2) 감압증(Decompression Sickness)

기내의 갑작스러운 압력 감소로 인하여 발생하는 증상이다.

❶ 증상

- 가슴이 타는 듯이 아프다.
- 관절에 통증이 발생한다.

❷ 응급처치

- 항공기가 하강하면 증상이 없어진다.
- 통증 부위를 움직이지 않도록 한다.

- 혈액 순환이 잘 되도록 넥타이나 벨트는 느슨하게 한다.
- 좌석을 눕혀 휴식을 취하도록 한다.

③ 기내 화재

1 화재의 기본 개념

화재의 3요소는 열(Heat), 산소(Oxygen), 연료(Fuel)이며, 이 중 한 가지라도 제거하면 화재를 진압할 수 있다.

📍 열(Heat), 산소(Oxygen), 연료(Fuel) 제거 방법

- 열(Heat): 물을 붓거나 H_2O 소화기를 사용한다. 물이 화기의 열을 흡수하여 연료의 온도를 발화점 아래로 낮춘다.
- 산소(Oxygen): 공기 중의 21%인 산소 농도를 15% 이하로 떨어뜨리면 화재가 진압된다. 따라서 산소 공급을 차단하기 위해 물에 젖은 담요로 덮거나 Halon 소화기를 사용한다. Halon은 산소 원자를 비활성화시키는 특성이 있어 연료와 산소가 반응하는 것을 막아준다.
- 연료(Fuel) 제거 방법: 화재 구역에서 가연성 물질을 제거한다. 불에 타고 있는 물건들 중 아직 타지 않은 부분의 물건들을 치우고, 전자기기 화재라면 전기 공급을 차단한다.

기내에 탑재된 휴대용 소화기로는 H_2O 소화기와 Halon 소화기가 있으며, H_2O 소화기는 화재의 3요소 중 열(Heat)을 제거하고, Halon 소화기는 산소를 제거하여 화재를 진압하는 원리이다. 객실승무원은 기내 화재 발생 시 화재의 유형을 먼저 파악하고 유형에 맞는 소화기를 알맞게 선택하여 사용해야 한다. 소화기를 결정하기 어렵다면 Halon 소화기를 사용하여 신속하게 화재를 진압하고 추후 H_2O 소화기나 물 등으로 잔열을 제거해 재발화를 방지한다.

 **화재의 유형**

화재 유형	연 료		사용 가능 소화기
A Class	고형 물질	예 종이, 의류	H_2O / Halon
B Class	기름	예 오븐 내부 기름때, 항공기 연료	Halon
C Class	전기	예 냉장고, 오븐, 조명, 전자기기 등	Halon

2 화재 발생 시 대응 절차

지상에서 화재가 발생한 경우 지상에 필요한 도움을 요청하고 운항승무원의 지시에 따라 즉시 탈출할 수 있다. 하지만 비행 중 화재가 발생하면 지상으로부터 즉각적인 도움을 받을 수 없으므로 운항승무원은 비상착륙에 대비해 항공기 하강을 시작하고 비상착륙이 가능한 가장 가까운 공항에 접근한다. 객실승무원은 아래의 역할 분담 및 절차에 따라 화재를 진압한다.

1) 객실승무원의 역할 분담

기내 화재 발생 시 한 명의 객실승무원이 화재 진압, 승객 대피, 운항승무원과의 지속적인 의사소통 등 모든 역할을 수행하기 어렵다. 따라서 효과적인 화재 진압을 위해 역할을 분담하고 완벽한 팀 워크를 발휘해야 한다.

(1) Fire Fighter

최초 화재를 발견한 객실승무원이 Fire Fighter 역할을 수행한다. Fire Fighter는 All Attendant Call 하여 다른 객실승무원들에게 도움을 요청하고 가장 가까운 화재장비를 가져와 즉시 화재 진압을 시작한다. 화재의 유형을 정확히 모르는 경우 Halon 소화기를 우선 사용한다.

Fire Fighter에게 도움을 요청받은 객실승무원들은 All Attendant Call에 응답한 후 주변의 화재 진압 장비를 가지고 화재 발생지로 이동한다. 가져온 화재 진압 장비를 Fire Fighter에게 전달한 후 신속하게 역할을 분담한다.

(2) Assist Fire Fighter

Fire Fighter를 보좌한다. 필요한 경우 PBE와 화재 진압 장갑을 착용하고 Fire Fighter 와 역할을 바꾼다.

(3) Controller

기내 화재로 인해 승객들이 동요하거나 흥분할 수 있으므로 승객들을 진정시키고 연기 및 화재로부터 승객들을 대피시킨다. 승객들이 대피할 때에는 머리를 Armrest 높이로 숙이고(불완전 연소된 연기는 위로 상승, 유독 가스는 바닥으로 내려오므로 숨을 쉬기에 적당한 공기는 Armrest 높 이에 위치함), 호흡기 보호를 위해 코와 입을 가리도록 안내한다. 가능하면 승객들에게 젖은 Towel을 제공하거나(유독성 물질은 물에 용해되는 성질이 있음) 물을 제공하여 승객 스스로 옷, 담 요 등을 적셔 코와 입을 가릴 수 있도록 한다. 또한, 산소가 들어 있는 기내 장비인 PO$_2$ Bottle을 화재의 근원지로부터 멀리 치운다.

(4) Reporter

운항승무원은 조종실 안에서 객실의 상황을 직접 볼 수 없으므로 객실승무원이 보고 하는 내용을 토대로 비상 대응 절차를 수행한다. 따라서 객실승무원은 정확하고 일관되 게 연기 및 화재의 상황을 보고해야 한다. 이를 위해 한 명의 객실승무원이 아래와 같은 내용을 운항승무원에게 보고한다.

- 화재의 위치(Door를 기준으로 정확히 보고)
- 연기의 특성(연기의 농도, 모양 등)
- 연기의 색깔
- 연기의 냄새(전기, 고무, 기름 타는 냄새 등)
- 객실승무원의 조치 사항
- 승객의 반응

화재를 진압한 후에는 화재의 원인, 사용한 소화기와 미사용 소화기의 개수, 부상 승객 유무, 화장실 폐쇄 여부 등을 운항승무원에게 최종 보고한다.

2) 화장실 화재

화장실 내 연기가 감지되면 항공기에는 아래와 같은 공통 현상이 나타나 객실승무원이 화장실 내부에서 발생한 화재를 알아차릴 수 있다.

📍 화장실 내 연기 감지 공통 현상

- Smoke Detector 내 경고음이 발신한다.
- Smoke Detector 내 'Alarm Indicator Light'(구형) 또는 '상태 표시 Light'(신형)의 Red Light가 점등한다.
- 화장실 문 위쪽의 'Lavatory Call Light'에 Amber Light가 점멸한다.
- 화장실 근처 'Master Call Display'의 Amber Light가 점멸한다.

화장실 내 연기 감지 공통 현상이 나타나면 객실승무원은 해당 화장실의 문을 노크하여 대화를 시도하고 화장실 내 승객이 있는지 확인한다. 화장실 내 승객 유무에 따라 객실승무원의 대처 방법은 달라진다.

(1) 화장실 내 승객이 있는 경우 대응 절차

승객이 흡연 중일 경우에는 승객에게 담배를 끄도록 지시하고, 기내 흡연은 항공보안법에 의거 처벌 대상임을 경고한다. 승객이 화장실에서 나오면 승객의 좌석 번호를 확인하고 승객이 버린 담배꽁초를 찾아 완전히 꺼졌는지 확인한다. 화장실 문은 연기 제거를 위해 열어 놓는다.

(2) 화장실 내 승객이 없는 경우 대응 절차

화장실 문에 손등을 대고 열을 감지해 화재인지 판단한다. 화재로 판단될 경우 도움을 요청하고 Halon 소화기를 가져와 즉시 화재 진압을 시작한다. 연기 및 불꽃이 나올 수 있으므로 화장실 문은 소화기 노즐이 들어갈 정도만 발로 조심스럽게 열고 문틈 위아래로 Halon 소화기를 움직이며 분사한다. 화재 진압 후에는 화장실 내부로 들어가 화재의 원인을 찾고 H_2O 소화기나 물 등으로 잔열을 제거해 재발화를 방지한다. 화재 진압이 종료되면 화장실을 폐쇄해 승객의 사용을 방지한다.

3) Oven 화재

Oven 화재는 Oven의 고장이나 Oven 내부의 음식 찌꺼기 등으로 인해 발생할 수 있다. Oven에 화재가 발생한 경우 최초 발견자는 Oven Door가 닫혀 있는 경우와 열려 있는 경우로 나누어 대처할 수 있다.

(1) Oven Door가 닫혀 있는 경우 대응 절차

화재 최초 발견자는 Oven Door에 손등을 대고 화재인지 판단한다. 화재로 판단되면 Circuit Breaker를 잡아당겨 전원을 차단한다. 도움을 요청한 후 Halon 소화기로 화재 진압을 시작한다.

(2) Oven Door가 열려 있는 경우 대응 절차

화재 최초 발견자는 산소 차단을 위해 신속히 Oven Door를 닫고 Circuit Breaker를 잡아당겨 전원을 차단한다. 도움을 요청한 후 Halon 소화기를 가져와 화재 진압을 시작한다.

4) 리튬 배터리 화재

흔히 휴대용 전자기기나 노트북의 배터리로 사용되는 리튬 배터리에서 과충전, 급속 충전, 좌석 틈새 압착 등으로 인하여 화재가 발생할 수 있다. 따라서 휴대용 전자기기가 좌석 틈새로 들어가면 좌석 등받이를 눕히거나 세우는 등의 조작을 해서는 안 된다. 화재의 원인을 정확히 모르는 경우 Halon 소화기로 우선 화재를 진압하고 Seat Cushion을 조심스럽게 제거하여 정확한 화재의 원인을 찾는다.

리튬 배터리는 배터리 외부에서 화기가 제거된 후에도 내부의 화학 반응이 계속되어 재발화 또는 재폭발할 수 있으므로 리튬 배터리 화재인 것이 확인되면 H_2O 소화기나 물로 잔열을 제거한다. 단, 리튬 배터리를 차갑게 만들기 위해 얼음을 붓지 않도록 주의한다.

추후 리튬 배터리를 옮겨도 된다고 판단되면 물이 담긴 용기에 담아 두거나 Containment Bag에 넣어 재발화를 방지한다.

4 기내 응급처치

1 응급처치 일반

1) 응급처치 기본 원칙

기내 응급 환자가 발생하면 객실승무원은 우선 환자의 병력(Medical History)을 확인하고, 환자에게 소지한 약이 있는지 문의하여 복용을 도와준다. 단, 객실승무원은 환자에게 주사할 수 없다.

응급 환자의 상태가 심각하여 전문적인 치료가 필요할 경우 **Doctor Paging**★을 실시한다. 자신이 의사임을 밝히는 승객이 나타나면 의사 신분을 증명할 수 있는 신분 증명서나 명함 등을 치료 전 확인해야 하며 증명할 방법이 없다면 운항승무원의 판단에 따른다. 의료인이 응급처치하는 동안 객실승무원은 기내 응급처치 장비를 의료인에게 제공하고 응급처치에 협조한다. 기내에 의료인이 없다면 객실승무원이 직접 응급처치한다.

2) 기내 사망의 처리

국내 의료법상 사망 선고는 의료 인가권자(의사, 치과의사, 한의사)만이 가능하므로 객실승무원은 환자의 사망 선고를 내릴 자격이 없다. 비행 중 사망자 발생 시 객실사무장은 즉시 운항승무원에게 통보하여 목적지 공항에 적절한 준비가 이루어질 수 있도록 한다. 사망자는 좌석에 앉힌 상태로 좌석 벨트로 묶고 담요로 덮어두며 가능하면 사망자 주변 승객을 다른 좌석으로 이동시킨다. 사망 선고가 불가한 경우에는 의식이 없는 상태로 간주하여 응급처치를 지속한다.

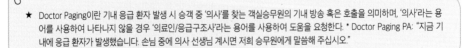

★ Doctor Paging이란 기내 응급 환자 발생 시 승객 중 '의사'를 찾는 객실승무원의 기내 방송 혹은 호출을 의미하며, '의사'라는 용어를 사용하여 나타나지 않을 경우 '의료인/응급구조사'라는 용어를 사용하여 도움을 요청한다. * Doctor Paging PA: "지금 기내에 응급 환자가 발생했습니다. 손님 중에 의사 선생님 계시면 저희 승무원에게 말씀해 주십시오."

2 환자 발생 시 행동 원칙

기내 응급 환자 발생 시 객실승무원은 '상황 판단, Communication, ABC Survey, Secondary Survey'의 4단계 행동 원칙에 따라 대처한다.

1) 상황 판단

응급 환자에게 도움이 필요한지 확인한다. 환자에게 의식이 있다면 환자 본인에게 직접 확인받고, 의식이 없다면 동의를 받은 것으로 간주한다. 환자 본인이나 주변 승객들에게 질병 발생 상황에 대하여 질문하고, 환자가 소지하고 있는 의약품이나 의사 소견서가 있는지 확인하여 상황을 판단한다.

2) Communication

환자를 최초로 발견한 객실승무원은 다른 객실승무원들에게 도움을 요청하고, 신속히 응급처치를 시작한다. 도움을 요청받은 객실승무원은 환자 발생 사실을 승무원들과 공유하고 역할을 분담한다. 전문적 치료가 필요할 경우 Doctor Paging을 실시하고, EMCS로 도움을 요청한다.

EMCS(Emergency Medical Call System: 응급 의료 콜 시스템)는 기내에 의료인이 탑승하고 있지 않거나 탑승했더라도 추가적인 의학적 자문이 필요한 경우에 지상의 의료진으로부터 24시간 자문을 받을 수 있는 시스템이다.

3) ABC Survey

ABC Survey의 ABC는 Airway, Breathing, Circulation의 약자로 환자의 '기도, 호흡, 심장 박동'을 확인하는 절차이다. 환자의 위태로운 정도를 파악하기 위해 실시하는 응급처치의 기초 단계로서 ABC Survey의 결과에 따라 필요한 응급처치를 실시한다.

> **ABC Survey 방법**
>
> - Airway(기도): 호흡 곤란 모습이나 얼굴색이 푸른색으로 변했는지 확인한다.
> - Breathing(호흡): 환자의 얼굴과 가슴의 움직임을 눈으로 확인한다.
> - Circulation(심장 박동): 자동 혈압계를 사용하여 맥박을 확인한다.

4) Secondary Survey

Secondary Survey는 환자의 상태를 지속적으로 관찰하기 위해 실시하는 절차를 의미한다. Secondary Survey를 위해 환자 본인이나 주변 승객들에게 환자의 상태를 구두로 문의하거나 환자의 활력 징후(Vital Sign: 환자의 맥박, 호흡, 체온, 혈압을 의미) 및 상태를 객실승무원이 직접 확인할 수 있다. Secondary Survey를 통한 환자의 상태 및 응급처치 내용을 순서대로 기록하여 추후 환자의 상태 악화 시 참고한다.

 활력 징후(Vital Sign)

활력 징후(Vital Sign)	정상 범위	측정 장비
맥박	60~100회/분	자동 혈압계
호흡	12~20회/분	–
체온	36.5~37.2도	전자 체온계
혈압	90~140/60~90mmHg	자동 혈압계

- 맥박(Pulse): 맥박은 심장 박동에 따라 나타나는 동맥의 주기적인 파동을 의미하며, 심장의 활동성을 파악할 수 있다. 손목(요골동맥), 팔(상완동맥), 목(경동맥) 등에 손가락을 대고 측정하거나 자동 혈압계를 이용하여 측정할 수 있다. 맥박의 정상 범위는 분당 60~100회이다.
- 호흡: 흉부의 움직임을 확인하여 측정하며, 정상적인 호흡의 수는 분당 12~20회이다. 환자의 맥박을 측정하는 동안 환자가 의식하지 못한 상태에서 자연스럽게 측정하도록 한다.
- 체온: 기내에 탑재되는 전자 체온계를 사용하여 환자의 체온을 측정하며 체온의 정상 범위는 36.5~37.2도이다. 기내에는 접촉식 전자 체온계와 비접촉식 전자 체온계가 모두 탑재된다. 접촉식 전자 체온계는 감염 예방을 위해 입에 넣는 방식보다 겨드랑이에 끼워 온도를 측정하는 것이 바람직하다. 비접촉식 전자 체온계는 이마나 관자놀이 부위에서 약 3cm 정도의 거리를 두고 측정한다.
- 혈압: 혈액이 혈관 속을 흐를 때 혈관 내에 생기는 압력을 혈압이라고 한다. 혈압의 정상 범위는 수축기 혈압 90~140mmHg, 이완기 혈압 60~90mmHg이며, 기내에 탑재되는 자동 혈압계를 이용하여 측정할 수 있다.

③ 생명 위협 비상사태

객실승무원은 기내 응급 환자 발생 시 환자의 상태가 의식과 호흡이 없는 '생명 위협 비상사태'인지 '그렇지 않은 상황'인지 정확하게 판단하여 조치해야 하며, 승무원들 간 신속히 역할을 분담하고 협동하는 것이 중요하다.

1) CPR

CPR(Cardio Pulmonary Resuscitation: 심폐 소생술)은 심장이 정지된 환자에게 가슴 압박과 인공 호흡을 실시하여 심장 박동을 되살리기 위한 응급처치를 의미한다. 심장 정지 후 골든 타임인 4~5분이 지나게 되면 뇌에 산소가 공급되지 못해 심각한 뇌 손상이 오므로 뇌사 상태에 빠질 가능성이 커진다. 따라서 심정지 환자를 최초 목격한 객실승무원은 신속하게 CPR(심폐 소생술)을 시작하는 것이 중요하다.

(1) CPR 방법

❶ 반응 확인

반응 확인을 위해 성인 및 소아에게는 양쪽 어깨를 가볍게 두드리며 "괜찮으세요?"라고 물어보고, 영아에게는 발바닥을 두드려 반응하는지 살펴본다. 반응이 있다면 환자를 회복 자세로 눕히고 활력 징후(Vital Sign)를 확인한다.

반응이 없다면 다른 객실승무원들에게 도움을 요청한다.

❷ 도움 요청 및 호흡 확인

구두 또는 인터폰을 이용해 다른 객실승무원들에게 도움을 요청한다.

도움을 요청받은 객실승무원은 사무장과 운항승무원에게 보고하고 의료진을 호출(Doctor Paging)하며 AED, EMK, FAK 등의 의료 기기를 가져온다. 인공호흡용 장비인 Bag Valve Mask는 EMK 내부, Face Mask는 FAK 내부에 보관되어 있다.

호흡 확인을 위해서는 환자의 얼굴과 가슴의 움직임을 관찰한다. 단, 호흡 확인을 위해 시간을 지체해서는 안 된다. 환자의 호흡이 없다면 다음 단계를 진행한다.

❸ 가슴 압박 30회 실시

가슴 압박은 가슴뼈 아래쪽 1/2 위치에서 실시하며, 1분에 100회 이상~120회 미만의 속도로 압박한다. 또한, 압박의 깊이는 성인 약 5cm, 소아 4~5cm, 영아 4cm로 실시한다.

❹ 기도 개방 및 인공호흡 2회 실시

인공호흡 전 머리를 뒤로 기울이고 턱을 들어 올려(head-tilt & chin lift) 환자의 기도를 개방해야 효율적인 인공호흡이 가능하다. 기도 개방 각도는 성인 90도, 소아 45도, 영아 15도이다.

인공호흡 시 환자로부터의 감염 예방을 위해 Bag Valve Mask 또는 Face Mask를 사용하는 것이 안전하며, 인공호흡이 불가능할 경우에는 가슴 압박만이라도 실시해야 한다.

❺ 가슴 압박 30회, 인공호흡 2회 반복 실시

가슴 압박 30회, 인공호흡 2회를 1 Cycle로 2분 동안 5 Cycle 반복할 수 있는 속도로 실시하며, 환자의 의식과 호흡이 돌아올 때까지 지속한다.

(2) Bag Valve Mask 및 Face Mask

❶ Bag Valve Mask

EMK 내부에 탑재된다. 사용을 위해 마스크로 환자의 코와 입을 덮고 엄지와 검지 손가락을 'C' 자 모양으로 하여 마스크를 누른다. 나머지 세 손가락으로는 'E' 자 모양을 하여 턱을 들어올림으로써 기도를 개방한다.

❷ Face Mask

Face Mask는 Pocket Mask라고도 하며 FAK 내부에 탑재된다. 사용을 위해 마우스 밸브와 마스크를 연결한 후 마스크로 환자의 코와 입을 덮고 마우스 밸브에 호흡을 불어넣는다.

(3) 회복 자세

기도가 막히는 것을 예방하는 자세로 머리, 목, 척추의 부상이 없는 경우 취한다.

📍 회복 자세 방법

- 객실승무원에게 가까운 환자의 팔을 위로 올린다.
- 반대편 팔을 잡아당겨 손등이 환자의 볼에 닿도록 한다.
- 무릎을 세운 후 당겨서 몸을 돌린다.
- 무릎과 엉덩이가 직각이 되도록 한다.

(4) AED(Automated External Defibrillator: 자동 제세동기)

AED는 심장에 전기 충격을 주어 심장 박동을 복구하는 장비로 전 기종에 탑재되며 전 연령에게 사용할 수 있다.

👆 AED 사용법

① AED 덮개를 열고 전원을 켠다.

② 음성 메시지: "환자 가슴에 패드를 부착하세요."

- 성인과 소아는 우측 쇄골 아래에 한 개, 좌측 옆구리 아래에 한 개의 패드를 부착하고, 영아는 가슴 중앙과 등 중앙에 한 개씩 패드를 부착한다.

③ 음성 메시지: "Pad Connector를 점멸등 옆에 꽂으세요."

- Pad Connector를 AED와 연결한다.

④ 음성 메시지: "분석 진행 중입니다. 접촉 금지"

- 정확한 심장 박동 분석을 위해 주변인에게 "환자에게서 떨어지세요!"라고 말한다.

⑤ 전기 충격이 필요한 경우의 음성 메시지: "제세동해야 합니다. 충전 중"

- 충전 중에도 CPR을 지속한다.
- 전기 충격이 필요하지 않으면 "제세동이 필요하지 않습니다."라는 음성 메시지가 나오며, 객실승무원은 환자의 반응과 호흡을 재확인한다. 환자의 반응이나 호흡이 확인되면 환자를 회복 자세로 바꾼다.

⑥ 충전 후 음성 메시지: "환자에게서 떨어지세요."

· 주변인에게 "환자에게서 떨어지세요!"라고 말한다.

⑦ 음성 메시지: "지금 제세동 실시하세요. 주황색 충격 버튼을 지금 누르세요."

· 충격 버튼을 누른다.

⑧ 음성 메시지: "제세동 실시되었습니다. CPR 시작하세요."

· 약 2분 동안 CPR을 실시한다. 가슴 압박 30회, 인공호흡 2회를 5 Cycle 가능한 속도로 실시한다.

⑨ 2분 후 "분석 진행 중입니다. 접촉 금지"라는 음성 메시지가 다시 나오며, 심장 박동을 재분석한다.

2) Choking

Choking은 폐로 통하는 통로인 기도가 막히는 현상으로 기도 폐쇄를 의미한다.

(1) 증상

· 호흡 곤란 모습을 보인다.

· 캑캑거리거나 목을 움켜쥐는 행동을 한다.

· 얼굴이 푸른색으로 변한다.

· 호흡이 회복되지 않으면 의식을 잃는다.

(2) 응급처치

❶ 의식이 있는 성인 및 소아 → 하임리히법 실시

· 승객 양발 사이에 발 하나를 위치시킨다.

· 주먹을 쥐고 엄지손가락 쪽을 환자의 배꼽과 명치 사이에 댄다.

· 다른 손으로 주먹 쥔 손을 감싼 후 깊고 강하게 위쪽으로 ㄴ자 모양을 그리며 복부를 밀어낸다.

❷ 의식이 있는 영아 → 하임리히법 실시

· 한 손은 엄지와 집게손가락으로 영아의 턱을 잡는다.

- 다른 손으로 영아의 뒤통수와 목을 지탱하며 들어올린다.
- 영아의 얼굴이 바닥을 향하게 하여 허벅지 위에 댄다. 이때 영아의 머리가 가슴보다 아래로 오도록 한다.
- 영아의 날개뼈 사이를 손바닥 아랫부분을 이용하여 5회 두드린다.
- 영아의 얼굴이 위쪽을 향하도록 뒤집고 두 개의 손가락 끝으로 가슴 압박 5회를 실시한다. 이때 손가락은 가슴에서 떼지 않으며 이물질이 나오면 신속히 제거한다.

❸ 의식이 없는 성인/소아/영아 → CPR(심폐 소생술) 실시

- 가슴 압박 후 인공호흡 전 입 안의 이물질이 나왔는지 확인한다.
- 보이지 않는 이물질을 제거하기 위해 입안에 손가락을 집어넣으면 오히려 이물질이 더 깊게 들어갈 수 있으므로 이물질이 보일 경우에만 제거한다.

4 기내 부상 및 질병

1) 화상(Burn)

(1) 증상

- 1도 화상: 화상 부위의 피부가 붉어지고 부어오르며 통증을 느낀다.
- 2도 화상: 1도 증상 및 화상 부위에 수포가 생긴다.
- 3도 화상: 화상 부위가 하얗게 되거나 검게 타 있다. 피부 조직이나 뼈가 보일 수 있다.

(2) 응급처치

- 화상 부위의 의복이나 장신구 등을 제거하여 화상 부위를 노출시킨다.
- 수포는 터트리지 않고 그대로 둔다.
- FAK 내 화상 치료용 거즈인 Burn Tec(번텍)을 붙인다. Burn Tec 사용 불가 시 흐르는 물로 화기를 제거하고 화상 연고를 바른다.
- 화상 부위를 붕대로 느슨하게 감싼다.

**Burn Tec(번텍)**

수분 90%를 함유한 하이드로겔 드레싱으로 화상 부위의 열을 빠르게 식혀주고 상처 부위의 오염을 방지한다.

2) 코피(Nose Bleeding)

(1) 증상

코에서 피가 나온다.

(2) 응급처치

- 똑바른 자세로 앉고 고개를 뒤로 젖히지 않는다.
- 멸균 거즈로 packing한다.
- 콧등을 잡고 5분 이상 눌러 지혈한다.
- 코 주변을 얼음으로 찜질해 혈관을 수축시켜 지혈할 수도 있다.
- 30분 이상 피가 멈추지 않으면 Doctor Paging을 실시한다.

3) 멀미(Air Sickness)

신체의 균형을 조절하는 기관인 귀 내부 반고리관의 과민 반응으로 인해 멀미가 발생한다. 주로 자동차나 배, 비행기 등에 탑승하여 심한 흔들림이 있을 때 발생한다.

(1) 증상

- 어지럽고 속이 메스껍다.
- 구토를 하거나 얼굴이 창백해지고 식은땀을 흘린다.

(2) 응급처치

- 조이는 옷은 느슨하게 풀어 신체를 편안하게 한다.
- 얼음을 입에 물고 있거나 시원한 공기를 얼굴에 쏘인다. 차가운 자극이 자율신경을 진정시켜 멀미를 완화시킨다.

- 필요시 기내 멀미약인 '보나링 A'를 제공한다.

4) 이통(Earache)

항공기 이착륙 시 기내의 압력 변화로 인해 귀 내부에서 통증을 느낄 수 있다.

(1) 증상

귀가 먹먹하고 귀 내부에서 극심한 통증이 느껴진다.

(2) 응급처치

- 하품을 하거나 침을 삼킨다.
- 영유아의 경우 젖병이나 노리개 젖꼭지를 물리거나 빨대로 물을 마시게 한다.
- 통증이 있는 귀에 따뜻한 패드 등을 대준다.
- 타이레놀을 제공할 수 있다.
- 발살바를 한다. 발살바는 손가락으로 코를 잡고 입을 다문 후 코로 공기를 가볍게 내뿜는 방법을 의미하며, 귀 내부의 이관을 넓혀 통증을 완화시키는 원리이다.

5) 실신/기절(Syncope/Fainting)

(1) 증상

- 의식이 없고 호흡이 약하다.
- 맥박이 정상보다 느리거나 빠르다.

(2) 응급처치

- 옷을 느슨하게 풀어준다.
- 발을 심장보다 높게 들어올린다.
- 의식이 돌아오면 따뜻한 음료를 제공한다.

6) 급성 만취(Alcohol Intoxication)

(1) 증상

- 얼굴색이 붉어지거나 창백해진다.
- 언어 장애 현상이 나타난다.
- 어지럽고 구토를 한다.
- 상황 판단 능력 및 자제력이 저하된다.

(2) 응급처치

- 알코올 음료를 제공하지 않는다.
- 수분을 제공(카페인 음료보다는 물)한다.
- 휴식을 취하도록 한다.

7) 두통(Headache)

스트레스나 피로, 근육 긴장 등 다양한 원인으로 인해 통증이 발생한다.

(1) 증상

관자놀이나 뒤통수 등 머리의 다양한 부위에서 통증이 느껴질 수 있다.

(2) 응급처치

- 이마에 찬 물수건을 대거나 진통제(타이레놀)를 제공할 수 있다.
- 발열, 구토, 시력 저하 등의 동반 증상이 있으면 머리 부상 또는 뇌질환 가능성이 있으므로 Doctor Paging을 실시한다.

8) 공황 장애(Panic Attack)

(1) 증상

- 극도의 불안감을 느끼고 초조해진다.
- 맥박이 빨라지고 호흡하기가 힘들다.

(2) 응급처치

- 환자를 진정시키고 심호흡을 유도한다.
- 필요한 경우 의료인의 도움을 받아 진정제(EMK 내부)를 제공한다.

9) 천식(Asthma)

기관지의 염증으로 인해 기관지가 붓고 좁아져 숨쉬기 힘들어지는 질환이다.

(1) 증상

- 피부가 푸른색으로 변하거나 창백해진다.
- 호흡 곤란, 기침으로 인해 말하기가 힘들다.
- 비정상적 숨소리인 천명음이 들린다.

(2) 응급처치

- 환자가 소지한 천식약이 있는지 확인하고 필요시 복용을 돕는다.
- 환자 요구 시 의사 처방하에 기관지 확장제인 벤톨린 흡입제(EMK 내부)를 제공한다.
- 호흡 곤란이 지속될 경우 PO_2 Bottle을 사용해 산소를 공급한다.

10) 알레르기(Allergy)

(1) 증상

- 피부가 붓거나 붉은색으로 변한다.
- 해당 부위가 간지럽거나 뜨겁다.
- 심할 경우 호흡 곤란, 쇼크가 올 수 있다.

(2) 응급처치

- 평소 알레르기 반응을 확인하고 소지한 약이 있는지 확인한다.
- 냉찜질을 하거나 알레르기 약인 페니라민(FAK 내부)을 제공한다.

11) 경련/발작(Convulsion/Seizure)

간질, 고열, 뇌손상, 저혈당 등 다양한 원인으로 인하여 몸의 근육이 떨리는 증상이다.

(1) 증상

- 일반적으로 근육이 먼저 경직된 후 경련/발작을 일으킨다.
- 근육이 경직되어 있는 동안 호흡이 멈추거나 혀를 깨물 수도 있다.
- 얼굴과 입술이 푸른색으로 변하고 입 주위에 거품이 흐를 수 있다.
- 경련/발작은 시간이 지나면 스스로 멈추지만, 신속히 Doctor Paging을 실시하여 의료인의 도움을 받는다.

(2) 응급처치

- 경련/발작 중 움직이지 못하도록 잡으면 안 된다.
- 환자 주위의 날카로운 물건을 치우고 베개나 담요로 주변을 두른다.
- 구토를 할 경우 몸을 옆으로 돌려 질식을 예방한다.

12) 과호흡(Hyperventilation)

신체가 필요한 것보다 깊고 빠르게 호흡하는 것으로 과호흡 시 몸속의 이산화탄소가 과도하게 배출된다.

(1) 증상

- 호흡이 평소보다 깊고 빠르다.
- 균형 감각을 상실하고 현기증이 난다.
- 손발의 근육이 뻣뻣해지거나 경련이 나며, 심할 경우 기절할 수 있다.

(2) 응급처치

- 호흡 속도를 늦추기 위하여 크게 말하도록 유도한다.
- 종이봉투를 입과 코에 대고 호흡하여 혈중 이산화탄소 농도를 정상화한다.

5 감염 예방

객실승무원은 응급처치 도중 환자의 혈액이나 체액으로 인해 B형 간염, C형 간염, AIDS, 코로나 바이러스 등에 감염될 수 있다. 따라서 응급처치 시 환자의 혈액이나 채액이 객실승무원의 입 또는 피부에 닿지 않도록 주의하고, 기내 감염 예방 도구인 UPK(Universal Precaution Kit) 내 일회용 의료 장갑, 안면/눈 보호 마스크, 가운 등을 사용할 수 있다. 인공호흡이 필요한 경우에는 Bag Valve Mask 또는 Face Mask를 사용하고, 환자의 혈액이나 체액이 피부에 닿으면 접촉 부위를 비누로 깨끗이 씻는다.

감염병 의심 승객 발생 시 대응 절차

- 감염병 의심 승객이 다른 승객들과 분리될 수 있도록 좌석을 재배치한다.
- 감염병 의심 승객에게 마스크를 착용하도록 한다.
- 가능할 경우 감염병 의심 승객 전용 화장실을 지정한다.
- 기내 전염병 확산을 우려하는 주변 승객들을 안심시킨다. 항공기 외부의 공기는 항공기에 설치된 헤파필터(HEPA Filter)라는 고성능 공기 여과 장치를 거쳐 기내로 유입되며, 객실 공기는 위에서 아래로 흐르는 에어커튼 방식으로 흘러 바이러스가 앞뒤 좌석으로 확산되는 것을 방지할 수 있다. 또한, 2~3분마다 지속적으로 객실 내 전체 공기가 새로운 공기로 완전히 교체되므로(환기) 바이러스의 기내 확산 가능성은 매우 낮다.

헤파 필터(HEPA Filter)

HEPA Filter의 HEPA는 High Efficiency Particulate Air의 약자로 공기 중의 미세한 입자를 99.97% 이상 차단할 수 있는 고성능 공기 필터이다. 의료 시설의 무균실이나 수술실, 실험실, 항공기 등에서 사용하는 특수 공기 여과 장치이다.

일상 안전
업무

① 비행 단계별 일상 안전 업무

① 승객 탑승 전

1) 객실 브리핑(Cabin Briefing)

객실승무원은 비행 전 동승 객실승무원들과 회사에서 지정한 장소(객실 브리핑실 또는 객실 전방 등) 및 시간에 모여 비행 관련 주요 내용들을 공유하고 확인하는 절차를 갖는다.

📍 객실 브리핑 주요 내용

- 객실승무원 명단 확인 및 소개
- 탑승 기종의 최소 탑승 인원(Minimum Staffing) 확인
- 여권, 승무원 등록증, ID Card 등 필수 휴대품 소지 여부 확인
- 기종 브리핑
- 목적지의 CIQ(세관, 입국, 검역) 절차 확인
- 회사의 최근 지시 및 공지 사항 확인
- 보안 브리핑(항공보안 주요 사항 및 항공보안등급 확인)
- 해당 노선의 서비스 절차, 승객 특성 등 브리핑

2) 합동 브리핑(Joint Briefing)

합동 브리핑은 객실승무원과 운항승무원이 비행 관련 주요 내용을 공유하기 위한 브리핑으로 지정된 장소(객실 브리핑실 또는 객실 전방 등) 및 시간에 실시한다.

📍 합동 브리핑 주요 내용

- 운항승무원 명단 확인 및 소개
- 계획된 비행 시간, 고도, 항로
- 항로상 기상, 목적지 공항 기상, 예상되는 Turbulence 구간
- 보안 브리핑(조종실 출입 절차 등)

3) 객실승무원 짐 보관

객실승무원의 짐 보관 장소는 승객의 수하물 보관 장소(Overhead Bin, Enclosed Coatroom, 전방과 통로 측에 고정 장치(Restraint Bar)가 설치된 좌석 하단)와 동일하다. 하지만 승객의 짐 보관 장소 확보를 위해 객실승무원의 짐은 우선적으로 각 Zone 최후방 좌석 하단에 보관하도록 한다.

4) 비상장비/보안장비 점검(비행 전 장비 점검, Pre-flight Check)

객실승무원은 승객 탑승 전까지 객실 내 비상장비 및 보안장비를 정해진 점검 요령을 이용하여 점검해야 한다.

5) 보안 점검

보안 점검은 보안장비 점검과는 다른 절차로서 비상장비/보안장비 점검 직후 각 Zone 별로 실시한다. 객실사무장은 '항공기 보안 점검 CHECKLIST'를 활용하여 PA로 보안 점검을 지시하고, 객실사무장의 PA에 맞추어 객실승무원들은 승객 좌석, Aisle, Jump-seat, Door, Lavatory, Galley 등에 의심스러운 물건이 있는지 정확하게 확인한다. 의심 스러운 물건이 발견되면 즉시 객실사무장에게 보고하고, 객실사무장은 운항승무원과 지 상 직원에게 보고한다.

6) 시스템 및 기타 장비 점검(Cabin System & Other Equipment Check)

보안 점검에 이어 PA/Interphone System 및 Video System, 화장실 내 toilet flush-ing과 세면대 급수 시설, Galley 내 냉장고, Chiller, Water Boiler 등(Air Bleeding 실시) 기내 의 다양한 설비와 장비들의 상태를 점검한다.

> ● 'PA Test' 방송
> "승무원 여러분, 지금부터 기내 음향 상태 점검을 위한 PA Test를 시작하겠습니다. 이 비행기 는 _____까지 가는 _____항공 _____편입니다."

7) 서비스 Item 탑재 확인 및 서비스 준비

기내 서비스를 위해 탑재된 다양한 서비스 Item의 탑재 수량과 상태를 확인하고 서비스 준비를 한다.

2 승객 탑승 중

통상 승객이 탑승하는 탑승구별로 두 명의 객실승무원이 배정되며, 승객의 탑승권을 확인하고 환영 인사를 실시한다. 나머지 승무원들은 담당 구역에서 승객의 좌석과 짐 보관 위치를 안내한다. 또한, 항공기 Pushback 이전까지 비상구 열 좌석에 착석한 승객의 적정성을 확인하고 '비상구 열 좌석 승객 브리핑'을 실시한다.

📍 Pushback

Pushback은 항공기를 견인하는 특수 차량인 Towing Car를 항공기에 연결해 뒤로 밀어내는 것을 말한다. 승객 탑승을 완료한 항공기는 안전상의 이유로 엔진을 역추진하여 후진하지 않고 Towing Car의 동력으로 항공기를 후진한 뒤 유도로로 이동한다. Pushback 시점이란 항공기의 Landing Gear가 최초로 움직인 시점을 의미한다.

📍 비상구 열 좌석 착석 불가 승객

항공 운송 사업자는 비상구 열 좌석 착석 승객이 비상구를 열거나 신속한 탈출을 위하여 필요한 역할을 수행하지 못한다고 판단되는 경우 그 승객을 비상구 열 좌석에 배정하여서는 아니 된다.(운항기술기준 8.4.7.9) 다음 중 하나 이상에 해당하는 승객은 비상구 열 좌석에 착석이 불가하여 좌석 재배치가 이루어져야 한다.

• 체력, 시력, 청력, 언어 능력 등 신체상 문제로 비상 탈출을 도와줄 수 없는 승객
• 15세 미만 승객(15세 이상부터 착석 가능)
• 글이나 그림 형태의 지시를 읽고 이해하지 못하거나 객실승무원의 구두 지시를 듣고 이해하지 못하는 승객
• 동반 탑승객을 돌보기 때문에 비상 탈출을 도와줄 수 없는 승객
• 비상구 좌석 착석 승객의 임무를 수행할 의사가 없는 승객

● 'Preparation for Departure' 방송

"손님 여러분, 우리 비행기는 곧 출발하겠습니다. 갖고 계신 짐은 앞좌석 아래나 선반 속에 보관해 주시기 바랍니다."

3 승객 탑승 완료 후

모든 승객의 탑승 완료 후 Door Close 전 객실사무장은 'Door Close 준비 완료' 사항을 확인한 후 운송 직원과 운항승무원에게 보고한다. 객실사무장은 'Door Close 준비 완료' 보고 후 정해진 절차에 따라 Door를 닫고 Door Mode 변경을 지시한다. 객실승무원들은 객실사무장의 Door Mode 변경 지시에 따라 Door Mode를 변경하고, 이어서 실시되는 'Welcome 방송'에 맞추어 인사를 실시한다.

📍 Door Close 준비 완료 사항

- 승객 탑승 완료
- 모든 휴대 수하물의 정위치 보관
- 모든 Overhead Bin의 닫힘 상태

● 'Welcome' 방송

"손님 여러분, 안녕하십니까.(인사) 저희 _____ 항공은 여러분의 탑승을 환영합니다. 휴대전화 등 전자기기는 비행기 모드로 변경하여 사용하실 수 있습니다. 기내 안전 요원인 승무원의 지시에 협조해 주시고, 승무원의 업무를 방해하거나 임의로 비상구를 조작하는 행위는 항공보안법에 따라 금지돼 있으며 처벌받을 수 있음을 알려드립니다. 저희 승무원들은 여러분께서 편안하게 여행하실 수 있도록 정성을 다하겠습니다. 감사합니다."

4 Pushback 전

Door를 닫은 후 Pushback 전 객실사무장은 'Pushback 준비 완료 사항'을 확인하고 운항승무원에게 보고한다. 운항승무원은 객실사무장의 Pushback 준비 완료 보고 없이 항공기를 Pushback할 수 없다.

Pushback 준비 완료 사항

- 비상장비 점검 상태(기 보고되지 않은 경우)
- 비상구 좌석 착석 상태
- Door Close 준비 완료 사항
- 모든 Door의 Close 및 Door Mode 변경 여부
- 좌석 등받이, Traytable, 개인용 모니터의 원위치 상태
- 승객 착석 및 좌석벨트 착용 상태, 화장실 내 승객 유무 확인
- Cart의 정위치 보관 상태

Door Mode 변경 후 객실사무장의 All Attendant Call에 L Side 객실승무원들이 "Safety Check 했습니다!"라고 응답하는 것은 Door Mode 변경 사실뿐 아니라 담당 구역의 Pushback 준비 완료를 보고하는 포괄적인 절차이다.

5 항공기 지상 이동 중

항공기 지상 이동(Taxi-Out) 중 승객에게 '승객 브리핑'을 실시한다. 승객 브리핑은 안전한 비행을 위해 승객이 알아야 하는 내용으로 기내 금연, 비상구, 좌석벨트, 구명복, 산소마스크의 사용법 등이 안내되어야 한다.(운항기술기준 8.1.12.4)

Video System이 설치된 경우 Video를 이용하여 승객 브리핑을 실시하며, Video System이 없거나 고장난 경우 승객 브리핑 장비(Demo Kit)를 활용해 객실사무장의 방송에 맞추어 객실승무원이 직접 시연한다.

승객 브리핑을 실시하는 동안 모든 승객은 좌석에 앉아 좌석벨트 착용 상태를 유지하고, 객실승무원도 안전 업무를 수행하는 객실승무원을 제외한 모든 객실승무원은 Jumpseat에 착석하여 좌석벨트와 Shoulder Harness를 착용해야 한다.

6 이륙 전

객실사무장은 객실의 이륙(Take-Off) 준비가 완료되면 운항승무원에게 이륙 준비 완료를 보고한다. 운항승무원은 객실사무장의 이륙 준비 완료 보고 없이 이륙할 수 없다.

이륙 준비 완료 사항

- Pushback 준비 완료 사항
- 승객 브리핑 실시
- 객실 내 모든 유동물 고정
- 객실승무원 착석 및 좌석벨트/Shoulder Harness 착용

> **'Take-Off' 방송(객실사무장)**
>
> 손님 여러분, 우리 비행기는 이제 이륙하겠습니다.
> 좌석벨트를 매셨는지 다시 한 번 확인해 주시기 바랍니다.

7 비행 중

상승 중 10,000ft 통과 시점에 운항승무원이 Fasten Seatbelt Sign을 끄거나 켜서 객실승무원과 승객에게 이동 가능/불가능에 대한 신호를 준다.

Fasten Seatbelt Sign이 꺼지면 승객과 객실승무원 모두 좌석벨트를 풀고 기내에서 이동할 수 있으며, 기내 방송 담당 객실승무원은 '좌석벨트 상시 착용 안내 방송'을 실시한다.

> **'좌석벨트 상시 착용 안내' 방송**
>
> "방금 좌석벨트 표시등이 꺼졌습니다. 그러나 비행기가 갑자기 흔들리는 경우에 대비해 자리에서는 항상 좌석벨트를 매시기 바랍니다. 감사합니다."

Fasten Seatbelt Sign이 그대로 켜진 상태에서 Chime이 1회 울리면 승객은 착석을 유지하고 객실승무원만 이동이 가능하다. 또한, Fasten Seatbelt Sign이 켜진 상태에 Chime이 2회 울리면 승객과 객실승무원 모두 착석을 유지한다.

1) Turbulence

비행 중 기류가 불안정하여 항공기 요동이 예상될 경우 운항승무원은 Fasten Seatbelt Sign을 켜서 객실로 신호를 준다. Turbulence는 Light Turbulence, Moderate/Severe Turbulence로 구분하며, 객실에서는 Turbulence 방송을 실시하고 각 단계별 대응 절차를 수행한다.

👆 Turbulence 단계별 신호

· Light Turbulence: 'Fasten Seatbelt Sign' 1회 'ON'
· Moderate/Severe Turbulence: 'Fasten Seatbelt Sign' 2회 'ON'

➡ 'Turbulence' 방송

"손님 여러분, 좌석벨트를 매주시기 바랍니다."

(1) Light Turbulence 대응 절차

식사 서비스 중 'Fasten Seatbelt Sign'이 1회 켜지면, 식사 서비스를 조심스럽게 지속할 수 있으며 승객의 좌석벨트 착용을 안내한다.

식사 서비스 외의 서비스 중 'Fasten Seatbelt Sign'이 1회 켜지면 서비스를 즉시 중단하고 가까운 Jumpseat으로 이동하여 착석한다. 이때 Jumpseat으로 이동하면서 승객의 좌석벨트 착

용 상태와 화장실 내 승객의 유무를 확인한 후 Jumpseat에 착석한다. 객실사무장은 운항승무원과 연락하여 서비스 지속 가능 여부를 결정하여 객실승무원들에게 알린다.

(2) Moderate/Severe Turbulence 대응 절차

Fasten Seatbelt Sign이 2회 켜지면 객실승무원은 모든 서비스를 즉시 중단하고 가까운 빈 좌석이나 Jumpseat에 착석한다. 착석이 불가할 경우 팔걸이나 기내 구조물을 잡아 몸을 고정한다. 이동 승객을 발견하면 몸을 고정한 상태로 좌석벨트 착용을 지시한다.

서비스 중인 Cart는 Red 페달을 밟아 고정하고 뜨거운 Coffee나 Tea Pot은 Cart 내부에 넣거나 통로 바닥에 놓는다.

2) Approaching Signal

Approaching 시점은 한일/한중 노선에서는 약 20,000ft 통과 시점이고, 그 외 모든 노선에서는 TOD 시점(Top Of Descent, 착륙을 위한 강하 시작 시점)을 말한다. Approaching Signal은 Approaching 시점에 운항승무원이 "Cabin Crew, Prepare For Landing."이라는 기내 방송(PA)을 실시하여 객실로 알린다.

Approaching Signal이 발신되면 객실승무원은 다음의 'Approaching 준비 절차'를 수행하여 항공기 내 모든 유동 물질의 고정 상태를 점검함으로써 착륙을 위한 대부분의 준비를 마친다.

> **Approaching 준비 절차**
>
> • 서비스 용품 회수(헤드폰 등)
> • 좌석 등받이, Traytable, 발 받침대 원위치 안내
> • 수하물 보관 상태 점검
> • Galley 내 보관 상태 점검

○ 'Approaching' 방송

"착륙 준비를 위해 좌석 등받이와 발 받침대, 테이블을 제자리로 해 주시고, 좌석 앞 주머니 속에 보관할 수 없는 큰 전자기기와 꺼내 놓은 짐은 앞좌석 아래나 선반 속에 다시 보관해 주시기 바랍니다. 감사합니다."

3) Landing Signal

항공기 강하 중 10,000ft 통과 시점에 운항승무원은 객실로 Landing Signal을 발신한다. Landing Signal은 Fasten Seatbelt Sign 3회 점멸 후 ON이며, 객실승무원은 Landing Signal이 나오면 다음의 'Landing 준비 절차'를 수행한다.

◉ Landing 준비 절차

- 개인용 Monitor 원위치 확인
- 승객 착석 및 좌석벨트 착용 상태 확인
- 화장실 내 승객 유무 확인
- 객실승무원 착석 및 좌석벨트/Shoulder Harness 착용

승객 좌석 옆의 Window Shade는 객실승무원이 별도로 점검하지 않는다. 단, 탈출구인 Door와 Overwing Window Exit에 장착된 Window Shade는 객실승무원이 이착륙 시 열어둔다.

◑ 'Landing' 방송

"손님 여러분, 우리 비행기는 곧 착륙하겠습니다. 좌석벨트를 매 주십시오. 감사합니다."

8 착륙 후

1) Taxi in(항공기 지상 이동)

항공기가 착륙하여 Fasten Seatbelt Sign이 꺼질 때까지 객실승무원과 승객은 착석을 유지해야 한다.

◐ 'Farewell' 방송

"손님 여러분, 편안한 여행 되셨습니까?
우리 비행기는 _____ 국제 공항에 도착했습니다. 비행기가 완전히 멈춘 후 좌석벨트 표시등이 꺼질 때까지 자리에 앉아서 기다려 주십시오. 선반을 여실 때는 안에 있는 물건이 떨어질 수 있으니 주의하시기 바랍니다. 감사합니다."

2) Door Open 및 승객 하기

Fasten Seatbelt Sign이 꺼지면 객실승무원들은 정해진 절차에 따라 담당 Door의 Mode를 변경하고(팽창 → 정상), 객실사무장은 승객이 하기할 Door를 연다. 승객이 모두 하기한 뒤 승객 좌석 주변과 좌석 앞 주머니, 화장실, Bunker 등 모든 공간에 유실물(Left Behind Item) 및 잔류 승객이 있는지 확인하여 최종적인 보안 점검을 실시한다.

Annexation

부 록

1 국내법

1) 항공안전법(Aviation Laws)

항공안전법은 국제민간항공협약 및 같은 협약의 부속서에서 채택된 표준과 권고되는 방식에 따라 항공기, 경량 항공기 또는 초경량 비행 장치의 안전하고 효율적인 항행을 위한 방법과 국가, 항공 사업자 및 항공 종사자 등의 의무 등에 관한 사항을 규정하는 것을 목적으로 하는 우리나라의 항공 안전 관련 법이다.(항공안전법 제1조) 1961년 '항공법'으로 최초 제정 당시 법 체계가 복잡하고 국제 기준 변화에 신속히 대응하기 어렵다는 단점으로 2017년 항공안전법, 항공사업법, 공항시설법으로 분류되었다. 이 중 항공안전법이 구항공법 중 항공 안전에 관한 분야를 담고 있다.

항공안전법에서는 '객실승무원'이란 '항공기에 탑승하여 비상시 승객을 탈출시키는 등 승객의 안전을 위한 업무를 수행하는 사람'으로 정의하고 있으며(제2조 제17호), 항공 안전을 위해 항공사와 객실승무원이 지켜야 할 기내 안전 규정의 기준을 명시하고 있다.

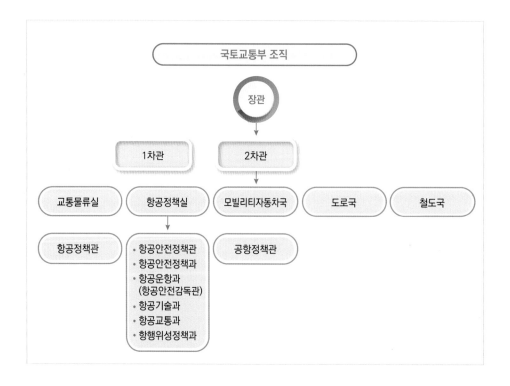

또한, 국토교통부 조직 중 항공정책실의 항공운항과에 소속된 항공 안전 감독관은 항공사와 승무원이 항공안전법의 법률 규정 준수 여부를 감독하는 임무를 수행한다.

2) 운항기술기준

항공안전법의 하위법으로는 항공안전법 시행령, 항공안전법 시행규칙, 운항기술기준 등이 있다. 이 중 운항기술기준은 항공기 소유자 및 항공 종사자가 준수하여야 할 최소의 안전 기준을 정하여 항공기의 안전 운항을 확보함을 목적으로 한다.(운항기술기준 1.1.1.1)

이 기준에는 항공기 설비 및 장비 요건, 객실승무원 자격 취득과 유지 요건, 객실승무원 안전 훈련 사항, 주요 기내 안전 규정의 기준 등이 명시되어 있다. 따라서 항공사에서는 이 기준을 반영하여 객실승무원 안전 훈련을 기획 및 실시하고, 객실승무원 업무 교범(COM, Cabin Operations Manual)★을 제작해 업무에 적용한다.

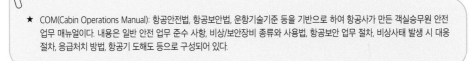

★ COM(Cabin Operations Manual): 항공안전법, 항공보안법, 운항기술기준 등을 기반으로 하여 항공사가 만든 객실승무원 안전 업무 매뉴얼이다. 내용은 일반 안전 업무 준수 사항, 비상/보안장비 종류와 사용법, 항공보안 업무 절차, 비상사태 발생 시 대응 절차, 응급처치 방법, 항공기 도해도 등으로 구성되어 있다.

🖐 객실승무원 안전 훈련 종류

- 신입 안전 훈련(Initial Safety Training): 신입 안전 훈련은 초기 안전 훈련과 기종 전문 훈련으로 구성되며, 필기시험, 실습 숙련도 평가(실기 평가), 운항 경험(OE) 등의 테스트를 통과해야만 최종적으로 객실승무원의 자격을 취득할 수 있다.
- 정기 안전 훈련(Recurrent Safety Training): 운항 증명 소지자는 12개월마다 항공 당국으로부터 인가받은 객실승무원 훈련 프로그램에 따라 개별 객실승무원의 임무 수행 능력에 대한 지식과 기량 심사를 실시하여야 하며, 동 심사에 합격하지 아니한 자에게 객실승무원으로서의 임무를 부여하여서는 아니 된다.(운항기술기준 8. 4. 8. 24)
- 재임용 안전 훈련(Requalification Safety Training)
- 리더십 훈련(Leadership Training)
- 교관/심사관/감독관 초기 및 보수 훈련
- 항공기내보안요원 초기 및 보수 훈련

2 국제기구

1) ICAO

ICAO(International Civil Aviation Organization)는 '국제민간항공기구'로 **국제민간항공협약***에 근거해 1947년 국제 민간 항공의 안전하고 질서 있는 발전을 위해 설립된 유엔(UN) 산하의 국제 협력 기구이다. 현재 전 세계 총 193개의 국가가 회원국으로 가입되어 있으며(2023년 7월 기준), 우리나라는 1952년 12월 11일에 가입하였다.

ICAO의 주요 기능으로는 국제 민간 항공을 위한 국제 표준 및 정책을 제정하고 개정하는 것이다. 또한, 국제적 기준을 민간 항공에 적용시키고자 국제민간항공협약의 부속서(ICAO Annex)를 제작하고 그 실시를 회원국에 권고한다.

> ★ 국제민간항공협약(Convention on International Civil Aviation): 1944년 52개국의 대표가 시카고 국제회의에 모여 민간 항공과 관련된 문제와 기준을 협의하고 채택한 협약으로 시카고협약(조약)이라고도 한다. 이 협약에서 ICAO의 조직과 임무에 대하여 협의한 후 1947년 동 협약이 발효됨에 따라 정식으로 ICAO가 출범하게 된다.

◐ ICAO Annex 1~19

Annex 1: Personnel Licensing(항공 종사자 자격 증명)

Annex 2: Rules of The Air(항공 규칙)

Annex 3: Meteorology(국제 항공 항행 기상 업무)

Annex 4: Aeronautical Charts(항공 지도)

Annex 5: Units of Measurement to be Used in Air and Ground Operations(공중 및 지상 운영에 사용되는 측정 단위)

Annex 6: Operation of Aircraft(항공기 운항)

Annex 7: Aircraft Nationality and Registration Marks(항공기 국적 및 등록 기호)

Annex 8: Airworthiness of Aircraft(항공기 감항성)

Annex 9: Facilitation(출입국 간소화)

Annex10: Aeronautical Telecommunications(항공 통신)

Annex11: Air Traffic Services(항공 교통 업무)

Annex12: Search and Rescue(수색 및 구조 업무)

Annex13: Aircraft Accident and Incident Investigation(항공기 사고 조사)

Annex14: Aerodromes(비행장)

Annex15: Aeronautical Information Services(항공 정보 업무)

Annex16: Environmental Protection(환경 보호)

Annex17: Security(항공보안) :Safeguarding International Civil Aviation Against Acts of Unlawful Interference

Annex18: The Safe Transport of Dangerous Goods by Air(위험물 안전 수송)

Annex19: Safety Management(안전 관리)

2) IATA

IATA(International Air Transport Association)는 '국제항공운송협회'로 1945년 쿠바의 하바나에서 설립된 세계 항공사들의 협력 단체이다. 2023년 7월 기준으로 120개국, 305개의 민간 항공사들이 가입되어 있으며, 전 세계 항공 교통량의 83%가 IATA의 회원 항공사들에 의해 이루어지고 있다. 대한민국 항공사의 경우 1989년 대한항공이 최초로 IATA에 가입하였고, 뒤이어 아시아나항공, 티웨이항공, 이스타항공, 제주항공, 진에어 등이 회원사로 가입하였다.

● **IATA 주요 기능**

- 항공 산업 발전 및 권익을 대변
- 국제 항공업계의 정책 개발, 규제 개선, 업무 표준화
- 회원 항공사 안전 감사 실시(IOSA, IATA Operational Safety Audit)
- 운항 거리 및 유가 등을 감안하여 국제선 항공 운임 결정 및 조정 등

3) FAA

FAA(Federal Aviation Administration)는 '미연방항공청'으로 미국의 워싱턴 D.C.에 위치한 미국 교통부 산하 기관이다. 항공 교통, 항공 안전, 공항, 법률/규정, 상업 우주 수송 등의 항공 관련 총체적인 업무를 담당하고 있으며, 국제민간항공기구(ICAO) 및 국제항공운송협회(IATA)와 함께 항공 관련 행정기관으로 전 세계에 강력한 영향력을 미치고 있다.

참고문헌

국가법령정보센터 https://www.law.go.kr

국토교통부 홈페이지 http://www.molit.go.kr

대한항공 객실승무원 안전업무교범

대한항공 뉴스룸 https://news.koreanair.com

대한항공 입사교육 교재

대한항공 홈페이지 https://www.koreanair.com

보잉 홈페이지 https://www.boeing.com

소방청 홈페이지 https://www.nfa.go.kr/

아시아나 홈페이지 https://flyasiana.com/index.jsp

에어버스 홈페이지 https://www.airbus.com

항공정보포탈시스템 https://www.airportal.go.kr

행정안전부 홈페이지 https://www.mois.go.kr

IATA 홈페이지 https://www.iata.org

ICAO 홈페이지 http://www.icao.int

저자 소개

정 혜 진

현) 연성대학교 항공 서비스과 교수
전) 대한항공 객실사무장
    대한항공 객실 안전 교관/심사관/감독관
    대한항공 객실 훈련원 안전/서비스 전임 강사

항공기 구조 및 항공안전실무

초판 1쇄 인쇄 2024년 3월 2일
2판 1쇄 발행 2024년 7월 25일

저   자 정혜진
펴 낸 이 임순재
펴 낸 곳 **한올출판사**
등   록 제11-403호
주   소 서울시 마포구 모래내로 83(성산동, 한올빌딩 3층)
전   화 (02)376-4298(대표)
팩   스 (02)302-8073
홈 페 이 지 www.hanol.co.kr
e - 메 일 hanol@hanol.co.kr
ISBN 979 - 11 - 6647 - 467 - 5

항공기 구조 및 항공안전실무

항공기 구조 및 항공안전실무

항공기 구조 및 항공안전실무